브랜드만족
1위
박문각

2025

시험대비

공무원

특별판

진가영
영어

진가영 편저

신독기
구문독해

신경향 **독해 기본** 실력 다지기!

동영상 강의 www.pmg.co.kr

박문각

수험생들에게 최고의 구문독해 교재가 될

신독기⁺구문독해를 펴내며...

안녕하세요, 여러분들의 단기합격 길라잡이 진가영입니다. **2025년 출제 기조 전환에 따른 공무원 영어 시험에서 독해의 중요성**은 아무리 강조해도 지나치지 않습니다. 따라서, 공무원 시험에서 영어 고득점을 받기 위해서는 시험에 거의 절반 이상을 차지하는 독해 문제를 빠르고 정확하게 맞혀야 한다는 사실은 누구나 다 알고 있을 겁니다. 하지만 영어의 어휘는 방대하고 또 공무원 시험에 나오는 글의 소재가 다양하다 보니 시간의 압박을 느끼는 시험장에서는 독해 문제를 정확하게 푸는 것이 쉽지 않습니다.

단기합격 길라잡이로서, **여러분들이 어떤 상황에서도 오역하지 않고 막힘없이 해석하여 시간 이내에 빠르고 정확하게 풀기 위해서는 독해 어휘 암기뿐만 아니라 구문독해 연습을 통해 정확한 의미 파악을 할 수 있도록 하는 것이 중요**하다고 느꼈고 그렇게 연습할 수 있도록 체계적인 구문독해 훈련에 중점을 둔 **신독기⁺구문독해**를 출간하게 되었습니다.

여러분들의 영어 기본점수를 쌓아가는 데 중요한 역할을 하는 구문독해를 정복하게 도와줄 이 새로운 **교재의 장점**은 다음과 같습니다.

---

1 신경향 독해 예시 문제 & 최신 기출문제 분석
   2025년 출제기조 전환 예시 문제에서 다뤄진 독해 지문과, 2024년 국가직 9급 영어 중 독해 기출 문제를 모두 수록하여 변화된 시험을 철저하게 분석해서 대비할 수 있다.

2 5단계 전략
   구문독해가 효율적으로 이루어질 수 있는 5단계 전략을 통해 중요한 표현 및 구문분석을 마스터할 수 있다.

3 구문독해 도전하기 / 구문독해 학습하기
   자신이 부족한 점을 발견할 수 있도록 구문분석과 구문해석을 직접 연습할 수 있고, 올바른 구문독해 방법을 배워 자신의 약점을 채우고 구문독해 기초 체력을 탄탄하게 다질 수 있다.

4 핵심 어휘와 표현 정리
   구문독해에 필요한 핵심 어휘와 표현들을 정리해 놓음으로써 필수적인 표현들을 빠짐없이 학습할 수 있다.

5 중요 표현 복습하기
   중요 표현을 복습하기 위해 테스트를 구성하여 복습 과정을 통해 자신의 것으로 만들 수 있다.

6 난이도 표시
   각 문장의 난이도 표시를 통해 현재 자신의 구문독해 실력을 확실하게 점검하고 보완할 수 있다.

다시 한 번 정리하자면,

이 교재는 공무원 시험을 준비하시는 분들이 양질의 독해 지문을 활용하여 자신의 구문독해 실력을 쌓을 수 있도록 도움을 주는 효율적인 교재이므로 이 교재를 선택하는 순간 **구문독해를 확실하고 탄탄하게 다져 앞으로 독해 문제를 잘 풀어나갈 수 있을 거라고 믿고 학습해** 나가시면 됩니다.

한 단계 더 나아가,

2025년 출제 기조 전환 예시 문제 중 독해 전 지문 및 2024년 국가직 9급 기출 독해 전 지문을 제공하고 완벽한 구문 분석을 학습할 수 있도록 구성하여 자신이 배운 내용이 확실히 본인 것이 될 수 있고 자신의 부족한 부분을 보완해서 학습할 수 있도록 도왔습니다. 단순히 독해 해석에서 그치는 것이 아니라 배운 구문독해 방법을 실전 문제까지 적용하여 풀 수 있는 것이 독해 학습의 궁극적 목표임을 잊지 마시고 **이 교재를 끝낸 이후에는 신경향✦독해마스터** 교재를 통해 반드시 문제들을 제대로 풀어보면서 실전에 적응하는 훈련을 하면 남들보다 더 빠르게 점수가 오를 거라 믿습니다.

여러분들의 노력이 반드시 합격으로 이어질 수 있도록, 현명한 단기합격 길라잡이로서 더 좋은 모습으로 수업에서 뵙도록 하겠습니다.

이 교재를 통해 반드시 구문독해를 정복할 수 있습니다.

여러분들이 단기 합격을 이루시길 항상 응원합니다.

Dreams come true!
꿈은 반드시 이루어진다!

2024년 5월

진심을 다해 가르치는 영어 - 진가영

2025년 신경향(New Trend)✦ 정규 커리큘럼

합격을 위한 필수 과정

1단계
이론 완성
New Trend
단기합격 All In One 시리즈
(문법, 독해)

New Trend 단기합격 VOCA

Daily Training

New Trend 올타임 레전드 하프 모의고사

New Trend 스파르타 일일 모의고사

New Trend 단판승 문법 적중 포인트 100

4단계
최종 정리
New Trend
만점 동형 모의고사
시리즈

2단계
기출 분석
New Trend
반한다 기출 분석 시리즈
(문법·어휘&생활영어, 독해)

3단계
문제 풀이
New Trend
끝판왕 문제 풀이 시리즈
(문법, 어휘, 독해)

2025년 신경향(New Trend)✦ 보완 커리큘럼

합격을 위한 선택 과정

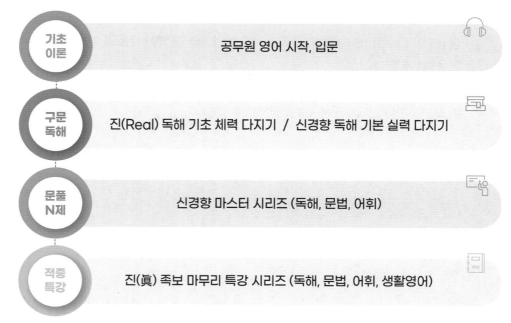

기초 이론
공무원 영어 시작, 입문

구문 독해
진(Real) 독해 기초 체력 다지기 / 신경향 독해 기본 실력 다지기

문풀 N제
신경향 마스터 시리즈 (독해, 문법, 어휘)

적중 특강
진(眞) 족보 마무리 특강 시리즈 (독해, 문법, 어휘, 생활영어)

가영쌤과 점수 수직 상승을 만들어 낸 '생생한' 수강후기

★★★★★ 독해의 해결책!   김*미

영어의 반절은 독해입니다. 독해에서 점수를 잃게 되면 고득점을 얻을 수 없어 합격이 어려워집니다. 문제 푸는 스킬은 당연 습득해야 하지만, **모호한 해석은 스킬로만은 해결되지 않더라고요. 진가영 교수님만의 특별한 구문독해 수업은 모호한 해석에서 벗어나게 해주는 좋은 강의입니다.** 기출 지문으로 수업이 진행되기 때문에 실제 시험에 적용하기 좋을 것 같습니다. 모호한 해석으로, 또는 감으로 독해하시는 분들이 이 강의를 수강하신다면 도움을 받을 수 있을 것 같습니다. 수험생의 어려워하는 부분이 무엇인지 귀기울여 주시고 해결해 주시기 위해 애쓰시는 진가영 교수님!! 감사합니다.

★★★★★ 완벽한 독해강의   김*희

영어를 오랜만에 공부하는 공시생입니다. 예전에 공부했을 때에도 영어 때문에 고배를 마신 적이 있습니다. 그때 진가영 교수님을 만났으면 어땠을까요? 쓸데없는 생각을 해 보았습니다^^ 문제를 하나하나 뜯어서 봐주시고 문장을 나누어 해석해 주셔서 해석에 숨통이 트입니다. 짧게 해석해도 되니 해석도 빨라집니다. 확실히 스킬도 필요하지만 기본이 중요하다는 것을 느끼게 만드는 강의였습니다.

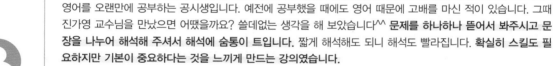

★★★★★ 구문독해로 기초를 쌓으시고 독해 연습을 하시면 더 효과적입니다.   유*보

영어에 있어 정말 애증의 유형입니다. 독해 연습을 잘하면 잘되다가도 조금이라도 삐끗하면 순식간에 곤두박질치는 유형이니까요. 하지만 진독기 **구문독해를 시작으로 기초 연습**을 하면 완전 정복이라고 자신하지는 못하더라도(일단 저부터 완전 정복을 못해서^^;) **최소 곤두박질치는 일은 없을 겁니다.** 또한 하프 · 동형 모의고사와 독해 강의에서도 긴 지문을 끊어가면서 문제풀이를 해주시기 때문에 선생님 풀이방식을 따라간다면 어려운 지문이 나와도 확 미끄러지는 일이 없을 거라고 장담합니다.

★★★★★ 영어의 부담을 줄여주는 강의!   강*경

구문독해가 답답했는데 많이 개선되고 있고, 아직 결과는 안 나왔지만 점점 영어에 다가가는 느낌을 주는 강의인 것 같습니다. 궁금한 것이 있을 때 카페에 글 올리면 답변도 잘 해주시고, **수업과 카페운영 그리고 모든 것에 성의가 느껴지는 너무 훌륭한 교수님**이십니다. 가끔 강의 준비가 부족하다고 자책하시곤 하시는데, 인강으로 그런 부분이 전혀 안 느껴지는 걸로 봐서는 완벽주의이신 것 같고 **책임감도 정말 강하신 것 같아요.** 비록 현장엔 없어서 표현은 이렇게 후기로밖에 못하지만 감사한 마음 갖고 있습니다! 항상 즐거운 강의, 이해하기 쉬운 강의 **감사드려요!** 끝까지 믿고 잘 따라가도록 하겠습니다.

1

신경향 독해 예시 문제 & 최신 기출 문제 분석

2025년 출제기조 전환 예시 문제에서 다뤄진 독해 지문과, 2024년 국가직 9급 영어 중 독해 기출문제를 모두 수록하여 변화된 시험을 철저하게 분석해서 대비할 수 있다.

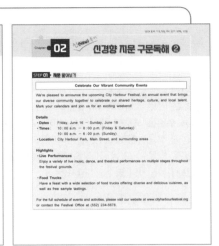

2

5단계 전략

구문독해가 효율적으로 이루어질 수 있는 5단계 전략을 통해 중요한 표현 및 구문분석을 마스터할 수 있다.

STEP 05 · 중요 표현 복습하기

중요 표현 TEST

❶ celebrate _____
❷ vibrant _____
❸ pleased _____
❹ announce _____
❺ upcoming _____
❻ annual event _____

❼ surrounding _____
❽ area _____
❾ highlight _____
❿ performance _____
⓫ a variety of _____
⓬ theatrical _____

Step 01
지문
훑어보기
▶
Step 02
구문독해
도전하기
▶
Step 03
구문독해
학습하기

▶
Step 04
전체
지문 해석
확인하기
▶
Step 05
중요 표현
복습하기

3

구문독해 도전하기 /
구문독해 학습하기

자신이 부족한 점을 발견할 수 있
도록 구문분석과 구문해석을 직
접 연습할 수 있고, 올바른 구문
독해 방법을 배워 자신의 약점을
채우고 구문독해 기초 체력을 탄
탄하게 다질 수 있다.

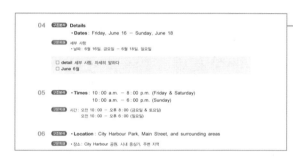

핵심 어휘와 표현 정리

4

구문독해에 필요한 핵심 어휘와 표현들을 정리해 놓음으로
써 중요한 내용들을 빠짐없이 학습할 수 있다.

5

중요 표현 복습하기

중요 표현을 복습하기 위해
Test를 구성하여 핵심 어휘와
표현들을 자신의 것으로 만들
수 있다.

03 Mark your calendars and join us

난이도

난이도 표시

6

각 문장의 난이도 표시를 통해 자신의 상태를 확실하게
점검하고 보완할 수 있다.

Chapter

01

진가영 영어
신독기 구문독해

문장 구문독해
2024 국가직 9급 기출문제 &
2025 출제 기조 전환 예시 문제

진가영 영어연구소 | cafe.naver.com/easyenglish7

Chapter 01 신(New) 독기 문장 구문독해 ❶

STEP 01 ▶ 문장 훑어보기

01 She worked diligently and had the guts to go for what she wanted.   2024 국가직 9급 기출문제 5번

02 Listening, speaking, reading, writing, viewing, and visually representing are interrelated.
    2024 국가직 9급 기출문제 1번

03 Obviously, no aspect of the language arts stands alone either in learning or in teaching.
    2024 국가직 9급 기출문제 1번

04 The money was so cleverly concealed that we were forced to abandon our search for it.
    2024 국가직 9급 기출문제 2번

05 Center officials play down the troubles, saying they are typical of any start-up operation.
    2024 국가직 9급 기출문제 4번

06 By the time she finishes her degree, she will have acquired valuable knowledge on her field of study.   2025 출제 기초 전환 예시 문제 3번

07 Yet we have all worked with language learners who understand English structurally but still have difficulty communicating.   2025 출제 기초 전환 예시 문제 4번

08 To appease critics, the wireless industry has launched a $ 12 million public-education campaign on the drive-time radio.   2024 국가직 9급 기출문제 3번

STEP 02 구문독해 도전하기

01
난이도

She worked diligently and had the guts to go for what she wanted.

_____

_____

02
난이도

Listening, speaking, reading, writing, viewing, and visually representing are interrelated.

_____

_____

03
난이도

Obviously, no aspect of the language arts stands alone either in learning or in teaching.

_____

_____

04
난이도

The money was so cleverly concealed that we were forced to abandon our search for it.

_____

_____

05
난이도

Center officials play down the troubles, saying they are typical of any start-up operation.

_____

_____

06
난이도

By the time she finishes her degree, she will have acquired valuable knowledge on her field of study.

_____

_____

07 Yet we have all worked with language learners who understand English structurally but still have difficulty communicating.

난이도

_____

_____

_____

08 To appease critics, the wireless industry has launched a $ 12 million public-education campaign on the drive-time radio.

난이도

_____

_____

_____

STEP 03 ▸ 구문독해 학습하기

01 (구조분석) She worked diligently // and had the guts // to go for what she wanted.

(구문독해) 그녀는 부지런히 일했고 // 용기가 있었다 // 그녀가 원하는 것을 얻으려고 노력할.

☐ **diligently** 부지런히, 근면하게
☐ **have the guts** ~할 용기[배짱]가 있다
☐ **go for** ~을 얻으려고 노력하다, 시도하다, 선택하다

02 (구조분석) Listening, speaking, reading, writing, viewing, and visually representing // are interrelated.

(구문독해) 듣기, 말하기, 읽기, 쓰기, 보기, 그리고 시각적으로 표현하기는 // 서로 관계가 있다.

☐ **visually** 시각적으로, 눈에 보이게
☐ **represent** 표현하다, 나타내다, 대표하다
☐ **interrelated** 서로 (밀접한) 관계가 있는

03 구조분석 Obviously, // no aspect of the language arts stands alone // either in learning or in teaching.

구문독해 분명히, // 언어 기술의 어떤 측면도 독립적으로 존재하지 않는다 // 학습이나 가르침에서.

- □ **no** 어떤 ~도 없는[아닌], 하나[조금]의 ~도 없는[아닌]
- □ **art** 기술, 예술, 솜씨
- □ **either A or B** A나 B나, A거나 B거나, A든 B든

04 구조분석 The money // was so cleverly concealed // that we were forced to abandon // our search for it.

구문독해 그 돈은 // 너무 교묘하게 숨겨져 있어서 // 우리는 포기할 수밖에 없었다 // 그것을 찾는 것을.

- □ **cleverly** 교묘하게, 영리하게
- □ **conceal** 숨기다, 감추다
- □ **force** (어쩔 수 없이) ~하게 만들다, ~을 강요하다, 힘, 폭력
- □ **abandon** 포기하다, 버리다, 그만두다

05 구조분석 Center officials play down the troubles, // saying they are typical // of any start-up operation.

구문독해 센터 관계자들은 그 문제들을 경시하며, // 그것들이 전형적이라고 말했다 // 어떤 신규 업체 운영에서도

- □ **official** 관계자, 공무원, 직무상의, 공무상의
- □ **play down** 경시하다, 폄하하다
- □ **typical** 전형적인, 대표적인, 일반적인, 보통의
- □ **start-up** 신규 업체, 신생 기업, 착수의, 개시의
- □ **operation** 운영, 작전[활동], 작용, 수술

06 구조분석 By the time she finishes her degree, // she will have acquired valuable knowledge // on her field of study.

구문독해 그녀가 학위를 마칠 때쯤, // 그녀는 귀중한 지식을 획득할 것이다 // 그녀의 연구 분야에서.

- □ **by the time** ~할 때쯤, ~할 무렵에, ~할 때까지
- □ **degree** 학위, 정도, 등급
- □ **acquire** 획득하다, 얻다

07 **구조분석** Yet // we have all worked with language learners // who understand English structurally // but still have difficulty communicating.

구문독해 그러나 // 우리는 모두 언어 학습자와 함께 일해왔다 // 영어를 구조적으로 이해하는 // 하지만 여전히 의사소통하는 데 어려움을 겪는.

☐ **structurally** 구조적으로, 구조상, 조직상
☐ **have difficulty -ing** ~하는 데 어려움을 겪다

08 **구조분석** To appease critics, // the wireless industry has launched // a $ 12 million public-education campaign // on the drive-time radio.

구문독해 비평가들을 진정시키기기 위해, // 무선 산업은 시작했다 // 1200만 달러의 공교육 캠페인을 // 운전 시간대 라디오에서.

☐ **appease** 진정시키다, 달래다
☐ **critic** 비평가, 평론가
☐ **wireless** 무선의, 라디오의
☐ **launch** 시작[개시/착수]하다, 개시, 출시
☐ **drive-time** 운전 시간대, 운전 소요 시간

STEP 04 · 문장 해석 확인하기

01 그녀는 부지런히 일했고 그녀가 원하는 것을 얻으려고 노력할 용기가 있었다.
02 듣기, 말하기, 읽기, 쓰기, 보기, 그리고 시각적으로 표현하기는 서로 관계가 있다.
03 분명히, 언어 기술의 어떤 측면도 학습이나 가르침에서 독립적으로 존재하지 않는다
04 그 돈은 너무 교묘하게 숨겨져 있어서 우리는 그것을 찾는 것을 포기할 수밖에 없었다.
05 센터 관계자들은 그 문제들을 경시하며, 그것들이 어떤 신규 업체 운영에서도 전형적이라고 말했다.
06 그녀가 학위를 마칠 때쯤, 그녀의 연구 분야에서 그녀는 귀중한 지식을 획득할 것이다.
07 그러나 우리는 모두 영어를 구조적으로 이해하지만, 여전히 의사소통하는 데 어려움을 겪는 언어 학습자와 함께 일해왔다.
08 비평가들을 진정시키기 위해, 무선 산업은 1200만 달러의 공교육 캠페인을 운전 시간대 라디오에서 시작했다.

STEP 05 ▶ 중요 표현 복습하기

중요 표현 TEST

❶ diligently _____

❷ have the guts _____

❸ go for _____

❹ visually _____

❺ represent _____

❻ interrelated _____

❼ no _____

❽ art _____

❾ either A or B _____

❿ cleverly _____

⓫ conceal _____

⓬ force _____

⓭ abandon _____

⓮ official _____

⓯ play down _____

⓰ typical _____

⓱ start-up _____

⓲ operation _____

⓳ by the time _____

⓴ degree _____

㉑ acquire _____

㉒ structurally _____

㉓ have difficulty -ing

_____

㉔ appease _____

㉕ critic _____

㉖ wireless _____

㉗ launch _____

㉘ drive-time _____

중요 표현 ANSWER

1 diligently — 부지런히, 근면하게

2 have the guts — ~할 용기[배짱]가 있다

3 go for — ~을 얻으려고 노력하다, 시도하다, 선택하다

4 visually — 시각적으로, 눈에 보이게

5 represent — 표현하다, 나타내다, 대표하다

6 interrelated — 서로 (밀접한) 관계가 있는

7 no — 어떤 ~도 없는[아닌], 하나[조금]의 ~도 없는[아닌]

8 art — 기술, 예술, 솜씨

9 either A or B — A나 B나, A거나 B거나, A든 B든

10 cleverly — 교묘하게, 영리하게

11 conceal — 숨기다, 감추다

12 force — (어쩔 수 없이) ~하게 만들다, ~을 강요하다, 힘, 폭력

13 abandon — 포기하다, 버리다, 그만두다

14 official — 관계자, 공무원, 직무상의, 공무상의

15 play down — 경시하다, 폄하하다

16 typical — 전형적인, 대표적인, 일반적인, 보통의

17 start-up — 신규 업체, 신생 기업, 착수의, 개시의

18 operation — 운영, 작전[활동], 작용, 수술

19 by the time — ~할 때쯤, ~할 무렵에, ~할 때까지

20 degree — 학위, 정도, 등급

21 acquire — 획득하다, 얻다

22 structurally — 구조적으로, 구조상, 조직상

23 have difficulty -ing — ~하는 데 어려움을 겪다

24 appease — 진정시키다, 달래다

25 critic — 비평가, 평론가

26 wireless — 무선의, 라디오의

27 launch — 시작[개시/착수]하다, 개시, 출시

28 drive-time — 운전 시간대, 운전 소요 시간

Chapter 01 신(New) 독기 문장 구문독해 ❷

STEP 01 ▸ 문장 훑어보기

01 Recently, increasingly irregular weather patterns, often referred to as "abnormal climate," have been observed around the world.

2025 출제 기조 전환 예시 문제 1번

02 Most economic theories assume that people act on a rational basis; however, this doesn't account for the fact that they often rely on their emotions instead.

2025 출제 기조 전환 예시 문제 2번

03 Beyond the cars and traffic jams, she said it took a while to get used to having so many people in one place, all of whom were moving so fast.

2025 출제 기조 전환 예시 문제 5번

04 You may conclude that knowledge of the sound systems, word patterns, and sentence structures is sufficient to help a student become competent in a language.

2025 출제 기조 전환 예시 문제 4번

05 "There are only 18 million people in Australia spread out over an entire country," she said, "compared to more than six million people in the state of Massachusetts alone."

2025 출제 기조 전환 예시 문제 5번

06 Despite the belief that the quality of older houses is superior to that of modern houses, the foundations of most pre-20th-century houses are dramatically shallow compared to today's, and have only stood the test of time due to the flexibility of their timber framework or the lime mortar between bricks and stones.

2024 국가직 9급 기출문제 6번

STEP 02 ▶ 구문독해 도전하기

01
난이도
Recently, increasingly irregular weather patterns, often referred to as "abnormal climate," have been observed around the world.

_____

_____

_____

02
난이도
Most economic theories assume that people act on a rational basis; however, this doesn't account for the fact that they often rely on their emotions instead.

_____

_____

_____

03
난이도
Beyond the cars and traffic jams, she said it took a while to get used to having so many people in one place, all of whom were moving so fast.

_____

_____

_____

04
난이도
You may conclude that knowledge of the sound systems, word patterns, and sentence structures is sufficient to help a student become competent in a language.

_____

_____

_____

05
난이도
"There are only 18 million people in Australia spread out over an entire country," she said, "compared to more than six million people in the state of Massachusetts alone."

_____

_____

_____

06 Despite the belief that the quality of older houses is superior to that of modern houses, the foundations of most pre-20th-century houses are dramatically shallow compared to today's, and have only stood the test of time due to the flexibility of their timber framework or the lime mortar between bricks and stones.

난이도

STEP 03 **구문독해** 학습하기

---

01 **구조분석** Recently, // increasingly irregular weather patterns, // often referred to as "abnormal climate," // have been observed // around the world.

구문독해 최근에, // 점점 더 불규칙한 날씨 패턴이 // 종종 "이상 기후"로 불리는 // 관측되고 있다 // 전 세계적으로.

☐ **increasingly** 점점 더, 갈수록 더
☐ **irregular** 불규칙한, 고르지 못한
☐ **refer to A as B** A를 B로 부르다, 언급하다
☐ **abnormal** 이상한, 비정상적인

02 **구조분석** Most economic theories assume // that people act on a rational basis; // however, // this doesn't account for the fact // that they often rely on their emotions instead.

구문독해 대부분의 경제학 이론들은 가정한다 // 사람들이 합리적으로 행동한다고 // 하지만, // 이는 사실을 설명하지 못한다 // 그들이 대신 종종 자신의 감정에 의존한다는.

☐ **rational** 합리적인, 이성적인
☐ **assume** 가정한다, 추정하다, <역할·임무 등을> 맡다, <책임 등을> 지다
☐ **account for** 설명하다, 차지하다
☐ **rely on** ~에 의존하다

03 구조분석 Beyond the cars and traffic jams, // she said // it took a while // to get used to // having so many people in one place, // all of whom were moving so fast.

구문독해 자동차와 교통체증을 넘어서 // 그녀는 말했다 // 시간이 조금 걸렸다고 // 적응하는 데 // 한 장소에 그렇게 많은 사람들이 있는데 // 모두 매우 빠르게 움직이는 것에.

☐ **traffic jams** 교통체증
☐ **it takes 시간 to부정사** ~하는 데 시간이 걸리다
☐ **a while** 조금, 잠시, 잠깐
☐ **get used to -ing** ~하는 데 적응하다

04 구조분석 You may conclude // that knowledge of the sound systems, word patterns, and sentence structures // is sufficient to help // a student become competent in a language.

구문독해 당신은 결론을 내릴지도 모른다 // 소리 체계, 단어 패턴, 그리고 문장 구조에 대한 지식이 // 돕는 데 충분하다고 // 한 학생이 한 언어에 능숙해지는 것을.

☐ **conclude** 결론[판단]을 내리다, 끝내다, 마치다
☐ **sufficient** 충분한
☐ **competent** 능숙한, 유능한

05 구조분석 "There are only 18 million people // in Australia // spread out over an entire country," she said, // "compared to more than six million people // in the state of Massachusetts alone."

구문독해 사람들이 오로지 1800만 명만 있다 // 호주에는 // 전체 국가에 퍼져 있는" // 그녀는 말했다 // "600만 명 이상의 사람들이 있는 것과 비교해 볼 때 // 매사추세츠주 한 곳에만."

☐ **compared to** ~와 비교해 볼 때
☐ **alone** [명사·대명사 바로 뒤에서 그것을 수식하여] 오로지 …만, 혼자, 단독으로, 외로운

06 구조분석 Despite the belief // that the quality of older houses // is superior to that of modern houses, // the foundations of most pre-20th-century houses // are dramatically shallow // compared to today's, // and have only stood the test of time // due to the flexibility of their timber framework or the lime mortar between bricks and stones.

구문독해 믿음에도 불구하고 // 오래된 집들의 품질이 // 현대 집들의 품질보다 우수하다는 // 20세기 이전의 대부분의 집들의 토대는 // 극적으로 얕다 // 오늘날에 비해 // 그리고 세월의 시험을 견뎌왔을 뿐이다 // 그것들의 목재 뼈대의 유연성 // 또는 벽돌과 돌 사이의 석회 모르타르 덕분에.

- □ **superior to** ~보다 우수한, 우월한, 더 나은
- □ **foundation** 토대, 기초, 기반, 근거, 재단
- □ **dramatically** 극적으로
- □ **shallow** 얕은, 피상적인
- □ **due to** 덕분에, 때문에, ~로 인해
- □ **timber** 목재
- □ **lime** 석회, 라임(레몬과 비슷한 생긴 녹색 과일)
- □ **framework** 뼈대, 골조, 틀

STEP 04 · 문장 해석 확인하기

01 최근에, 종종 "이상 기후"로 불리는 점점 더 불규칙한 날씨 패턴이 전 세계적으로 관측되고 있다.

02 대부분의 경제학 이론들은 사람들이 합리적으로 행동한다고 가정하지만, 이는 그들이 대신 종종 자신의 감정에 의존한다는 사실을 설명하지 못한다.

03 자동차와 교통체증을 넘어서, 그녀는 한 장소에 그렇게 많은 사람들이 있는데 모두 매우 빠르게 움직이는 것에 적응하는 데 시간이 좀 걸렸다고 말했다.

04 당신은 소리 체계, 단어 패턴, 그리고 문장 구조에 대한 지식이 한 학생이 한 언어에 능숙해지는 것을 돕는 데 충분하다고 결론을 내릴지도 모른다.

05 "매사추세츠 주에 있는 600만 명 이상의 사람과 비교해 볼 때 호주에는 전체 국가에 퍼져 있는 사람들이 오로지 1800만 명만 있다"고 그녀는 말했다.

06 오래된 집들의 품질이 현대 집들의 품질보다 우수하다는 믿음에도 불구하고, 20세기 이전의 대부분의 집들의 토대는 오늘날에 비해 극적으로 얕으며 그것들의 목재 뼈대의 유연성이나 벽돌과 돌 사이의 석회 모르타르 덕분에 세월의 시험을 견뎌왔을 뿐이다.

STEP 05 · 중요 표현 복습하기

중요 표현 TEST

❶ increasingly _____

❷ irregular _____

❸ refer to A as B

_____

❹ abnormal _____

❺ rational _____

❻ assume _____

❽ account for _____

❾ rely on _____

❿ traffic jams _____

⓫ it takes 시간 to부정사

_____

⓬ a while _____

⓭ get used to -ing

_____

⓮ conclude _____

⓯ sufficient _____

⓰ competent _____

⓱ compared to _____

⓲ alone _____

⓳ superior to _____

⓴ foundation _____

㉑ dramatically _____

㉒ shallow _____

㉓ due to _____

㉔ timber _____

㉕ lime _____

㉖ framework _____

중요 표현 ANSWER

1 increasingly — 점점 더, 갈수록 더

2 irregular — 불규칙한, 고르지 못한

3 refer to A as B — A를 B로 부르다, 언급하다

4 abnormal — 이상한, 비정상적인

5 rational — 합리적인, 이성적인

6 assume — 가정하다, 추정하다, <역할·임무 등을> 맡다, <책임 등을> 지다

8 account for — 설명하다, 차지하다

9 rely on — ~에 의존하다

10 traffic jams — 교통체증

11 it takes 시간 to부정사 — ~하는 데 시간이 걸리다

12 a while — 조금, 잠시, 잠깐

13 get used to -ing — ~하는 데 적응하다

14 conclude — 결론[판단]을 내리다, 끝내다, 마치다

15 sufficient — 충분한

16 competent — 능숙한, 유능한

17 compared to — ~와 비교해 볼 때

18 alone — [명사·대명사 바로 뒤에서 그것을 수식하여] 오직 …만, 혼자, 단독으로, 외로운

19 superior to — ~보다 우수한, 우월한, 더 나은

20 foundation — 토대, 기초, 기반, 근거, 재단

21 dramatically — 극적으로

22 shallow — 얕은, 피상적인

23 due to — 덕분에, 때문에, ~로 인해

24 timber — 목재

25 lime — 석회, 라임(레몬과 비슷한 생긴 녹색 과일)

26 framework — 뼈대, 골조, 틀

MEMO

진가영 영어
신독기 구문독해

Chapter 02 신(New) 독기 신경향 지문 구문독해 ❶

STEP 01 · 지문 훑어보기

✎	**Send**　Preview　Save
To	Clifton District Office
From	Rachael Beasly
Date	June 7
Subject	Excessive Noise in the Neighborhood
📎	My PC　Browse

Times New ▼　10pt ▼　G G G G G　≡ ≡ ≡ ≡

To whom it may concern,

I hope this email finds you well. I am writing to express my concern and frustration regarding the excessive noise levels in our neighborhood, specifically coming from the new sports field.

As a resident of Clifton district, I have always appreciated the peace of our community. However, the ongoing noise disturbances have significantly impacted my family's well-being and our overall quality of life. The sources of the noise include crowds cheering, players shouting, whistles, and ball impacts.

I kindly request that you look into this matter and take appropriate steps to address the noise disturbances. Thank you for your attention to this matter, and I appreciate your prompt response to help restore the tranquility in our neighborhood.

Sincerely,
Rachael Beasley

STEP 02 ▶ 구문독해 도전하기

01 To whom it may concern,

02 I hope this email finds you well.

03 I am writing to express my concern and frustration regarding the excessive noise levels in our neighborhood, specifically coming from the new sports field.

04 As a resident of Clifton district, I have always appreciated the peace of our community.

05 However, the ongoing noise disturbances have significantly impacted my family's well-being and our overall quality of life.

06 The sources of the noise include crowds cheering, players shouting, whistles, and ball impacts.

07 I kindly request that you look into this matter and take appropriate steps to address the noise disturbances.

난이도

_____

_____

_____

08 Thank you for your attention to this matter, and I appreciate your prompt response to help restore the tranquility in our neighborhood.

난이도

_____

_____

_____

STEP 03 · 구문독해 학습하기

01 　구조분석　 To whom it may concern,

　구문독해　 담당자분께,

　　□ **concern** 관계하다, 관련되다, 걱정시키다, 염려[우려]하게 만들다

02 　구조분석　 I hope // this email finds you well.

　구문독해　 저는 바랍니다 // 이 이메일이 당신에게 잘 도착하기를.

　　□ **find** 찾다, 알다, ~라고 여기다[생각하다]

03 `구조분석` I am writing // to express my concern and frustration // regarding the excessive noise levels // in our neighborhood, // specifically coming from the new sports field.

`구문독해` 저는 편지를 씁니다 // 우려와 좌절감을 표현하기 위해 // 과도한 소음 수준에 대하여 // 우리 동네의, // 특히 새로운 스포츠 경기장에서 오는.

☐ **regarding** ~에 대하여, ~에 관하여
☐ **excessive** 과도한, 지나친

04 `구조분석` As a resident of Clifton district, // I have always appreciated // the peace of our community.

`구문독해` 클리프턴 지역 주민으로서, // 저는 항상 높이 평가해왔습니다 // 우리 지역 사회의 평화를.

☐ **Clifton** 클리프턴(미국 뉴저지주 동북부의 도시)
☐ **district** 지역, 지방

05 `구조분석` However, // the ongoing noise disturbances // have significantly impacted // my family's well-being // and our overall quality of life.

`구문독해` 그러나, // 계속되는 소음으로 인한 방해는 // 상당히 영향을 미치고 있습니다 // 우리 가족의 안녕과 // 우리 삶의 전반적인 질에.

☐ **significantly** 상당히, 의미심장하게
☐ **well-being** 안녕, 행복

06 `구조분석` The sources of the noise include // crowds cheering, players shouting, whistles, and ball impacts.

`구문독해` 소음의 원인은 포함합니다 // 군중 응원, 선수들의 함성, 휘파람, 공의 충돌을.

☐ **source** 원인, 원천, 근원, 출처

07 〔구조분석〕 I kindly request // that you look into this matter // and take appropriate steps // to address the noise disturbances.

〔구문독해〕 저는 부탁드립니다 // 당신이 이 문제를 조사하여 // 적절한 조치를 취해 주시기를 // 소음으로 인한 방해를 해결하기 위한

- □ **look into** ~을 조사하다, ~을 들여다 보다, 주의 깊게 살피다
- □ **matter** 문제, 물질, 재료, 중요하다, 문제가 되다
- □ **take steps** 조치를 취하다
- □ **address** 해결하다, 다루다, 처리하다, 주소를 쓰다, 연설하다

08 〔구조분석〕 Thank you for your attention to this matter, // and I appreciate your prompt response // to help restore the tranquility // in our neighborhood.

〔구문독해〕 이 문제에 관한 당신의 관심에 감사드리며, // 신속한 대응에 감사드립니다 // 평온을 회복하는 데 도움이 될 수 있는 // 우리 인근의.

- □ **prompt** 신속한, 즉각적인, 자극하다, 추구하다
- □ **restore** 회복하다, 복원하다
- □ **tranquility** 평온, 고요, 차분함
- □ **neighborhood** 인근, 근처, 이웃

STEP 04 · 전체지문 해석 확인하기

수신인 : 클리프턴 구청
발신인 : Rachael Beasly
날짜 : 6월 7일
제목 : 인근의 과도한 소음

1 담당자분께,
2 저는 이 이메일이 당신에게 잘 도착하기를 바랍니다. **3** 저는 특히 새로운 스포츠 경기장에서 오는 우리 동네의 과도한 소음 수준에 대하여 우려와 좌절감을 표현하기 위해 편지를 씁니다.

4 클리프턴 지역 주민으로서, 저는 항상 우리 지역 사회의 평화를 높이 평가해왔습니다. **5** 그러나, 계속되는 소음으로 인한 방해는 우리 가족의 안녕과 우리 삶의 전반적인 질에 상당히 영향을 미치고 있습니다. **6** 소음의 원인은 군중 응원, 선수들의 함성, 휘파람, 공의 충돌을 포함합니다.

7 저는 당신이 이 문제를 조사하여 소음으로 인한 방해를 해결하기 위한 적절한 조치를 취해 주시기를 부탁드립니다. **8** 이 문제에 관한 당신의 관심에 감사드리며, 우리 인근의 평온을 회복하는 데 도움이 될 수 있는 신속한 대응에 감사드립니다.

진심을 담아,
Rachael Beasly

STEP 05 · 중요 표현 복습하기

중요 표현 TEST

1 concern _____

2 find _____

3 regarding _____

4 excessive _____

5 Clifton _____

6 district _____

7 significantly _____

8 well-being _____

9 source _____

10 look into _____

11 matter _____

12 take steps _____

13 address _____

14 prompt _____

15 restore _____

16 tranquility _____

17 neighborhood _____

중요 표현 ANSWER

1 concern 관계하다, 관련되다, 걱정시키다, 염려[우려]하게 만들다

2 find 찾다, 알다, ~라고 여기다[생각하다]

3 regarding ~에 대하여, ~에 관하여

4 excessive 과도한, 지나친

5 Clifton 클리프턴(미국 뉴저지주 동북부의 도시)

6 district 지역, 지방

7 significantly 상당히, 의미심장하게

8 well-being 안녕, 행복

9 source 원인, 원천, 근원, 출처

10 look into ~을 조사하다, ~을 들여다 보다, 주의 깊게 살피다

11 matter 문제, 물질, 재료, 중요하다, 문제가 되다

12 take steps 조치를 취하다

13 address 해결하다, 다루다, 처리하다, 주소를 쓰다, 연설하다

14 prompt 신속한, 즉각적인, 자극하다, 촉구하다

15 restore 회복하다, 복원하다

16 tranquility 평온, 고요, 차분함

17 neighborhood 인근, 근처, 이웃

Chapter **02** 신(New) 독기 **신경향 지문 구문독해 ❷**

STEP 01 · 지문 훑어보기

Celebrate Our Vibrant Community Events

We're pleased to announce the upcoming City Harbour Festival, an annual event that brings our diverse community together to celebrate our shared heritage, culture, and local talent. Mark your calendars and join us for an exciting weekend!

Details
- **Dates** :   Friday, June 16 − Sunday, June 18
- **Times** :   10 : 00 a.m. − 8 : 00 p.m. (Friday & Saturday)
                  10 : 00 a.m. − 6 : 00 p.m. (Sunday)
- **Location** : City Harbour Park, Main Street, and surrounding areas

Highlights
- **Live Performances**

  Enjoy a variety of live music, dance, and theatrical performances on multiple stages throughout the festival grounds.

- **Food Trucks**

  Have a feast with a wide selection of food trucks offering diverse and delicious cuisines, as well as free sample tastings.

For the full schedule of events and activities, please visit our website at www.cityharbourfestival.org or contact the Festival Office at (552) 234-5678.

STEP 02 ▶ 구문독해 도전하기

01
난이도

Celebrate Our Vibrant Community Events

_____

_____

02
난이도

We're pleased to announce the upcoming City Harbour Festival, an annual event that brings our diverse community together to celebrate our shared heritage, culture, and local talent.

_____

_____

_____

03
난이도

Mark your calendars and join us for an exciting weekend!

_____

_____

04
난이도

Details
 • **Dates** : Friday, June 16 — Sunday, June 18

_____

_____

_____

05
난이도

 • **Times** : 10 : 00 a.m. — 8 : 00 p.m. (Friday & Saturday)
            10 : 00 a.m. — 6 : 00 p.m. (Sunday)

_____

_____

_____

06
난이도

• **Location** : City Harbour Park, Main Street, and surrounding areas

07
난이도

Highlights

• **Live Performances**

Enjoy a variety of live music, dance, and theatrical performances on multiple stages throughout the festival grounds.

08
난이도

• **Food Trucks**

Have a feast with a wide selection of food trucks offering diverse and delicious cuisines, as well as free sample tastings.

09
난이도

For the full schedule of events and activities, please visit our website at www.cityharbourfestival.org or contact the Festival Office at (552) 234-5678.

STEP 03 ▸ 구문독해 학습하기

01 **구조분석** Celebrate // Our Vibrant Community Events

구문독해 축하합시다 // 우리의 활기찬 공동체 행사를

□ **celebrate** 축하하다, 기념하다, 찬양하다, 기리다
□ **vibrant** 활기찬, 생기가 넘치는, 강렬한, 선명한

02 **구조분석** We're pleased // to announce the upcoming City Harbour Festival, // an annual event // that brings our diverse community together // to celebrate // our shared heritage, culture, and local talent.

구문독해 우리는 기쁩니다 // 곧 있을 City Harbour Festival을 발표하게 되어 // 연례행사인 // 우리의 다양한 지역 사회를 화합하게 하는 // 기념하기 위해 // 우리의 공유된 유산, 문화, 그리고 지역 재능을.

□ **pleased** 기쁜, 기뻐하는, 만족해하는
□ **announce** 발표하다, 알리다
□ **upcoming** 곧 있을, 다가오는
□ **annual event** 연례행사, 1년 중 행사
□ **bring together** 화합하게 하다, 모으다, 화해시키다
□ **heritage** 유산, 전승, 전통

03 **구조분석** Mark your calendars // and join us // for an exciting weekend!

구문독해 여러분의 달력에 표시하세요 // 그리고 우리와 함께 하세요 // 신나는 주말에!

□ **mark** 표시를 하다, 채점하다, (경기의 득점을) 기록하다
□ **exciting** 신나는, 흥미진진한, 흥분하게 하는

04 구조분석 **Details**

  • **Dates** : Friday, June 16 — Sunday, June 18

구문독해 세부 사항

  • 날짜 : 6월 16일, 금요일 — 6월 18일, 일요일

  ☐ **detail** 세부 사항, 자세히 말하다
  ☐ **June** 6월

05 구조분석 • **Times** : 10 : 00 a.m. — 8 : 00 p.m. (Friday & Saturday)
  　　　　　　　10 : 00 a.m. — 6 : 00 p.m. (Sunday)

구문독해 • 시간 : 오전 10 : 00 — 오후 8 : 00 (금요일 & 토요일)
  　　　　　　오전 10 : 00 — 오후 6 : 00 (일요일)

06 구조분석 • **Location** : City Harbour Park, Main Street, and surrounding areas

구문독해 • 장소 : City Harbour 공원, 시내 중심가, 주변 지역

  ☐ **location** 장소, 곳, 위치, 주소
  ☐ **main street** 시내 중심가, 전형적인 미국 중산층
  ☐ **surrounding** 주변, 주위, 환경, 주위의, 인근의
  ☐ **area** 지역, 구역, 부분

07 구조분석 **Highlights**

  • **Live Performances**

  Enjoy // a variety of live music, dance, and theatrical performances // on multiple stages // throughout the festival grounds.

구문독해 하이라이트

  • 라이브 공연

  즐기세요 // 다양한 라이브 음악, 춤, 그리고 연극 공연을 // 다수의 무대에서의 // 축제장 곳곳에.

  ☐ **highlight** 하이라이트, 가장 중요한 부분[장면], 강조하다
  ☐ **performance** 공연, 연주회, 실적, 성과
  ☐ **a variety of** 다양한, 여러 가지의
  ☐ **theatrical** 연극의, 공연의, 연극조의, 과장된
  ☐ **multiple** 다수의, 많은, 다양한, 복합적인
  ☐ **throughout** 곳곳에, 도처에, ~동안, ~내내

08 구조분석 · Food Trucks

Have a feast // with a wide selection of food trucks // offering diverse and delicious cuisines, // as well as free sample tastings.

구문독해 · 푸드 트럭

잔치를 즐기세요 // 다양한 푸드 트럭과 함께 // 다양하고 맛있는 요리를 제공하는 // 무료 시식뿐만 아니라

- ☐ **feast** 잔치, 연회, 축제일, 포식하다
- ☐ **delicious** 맛있는, 냄새가 좋은, 아주 기분 좋은
- ☐ **cuisine** 요리, 요리법
- ☐ **as well as** ~뿐만 아니라, ~에 더하여

09 구조분석 For the full schedule of events and activities, // please visit our website at www.cityharbourfestival.org // or contact the Festival Office at (552) 234-5678.

구문독해 행사 및 활동의 전체 일정은 // 당사 웹사이트 www.cityharbourfestival.org를 방문하거나 // 축제 사무소인 (552) 234-5678로 연락주세요.

- ☐ **activity** 활동, 움직임, 활기
- ☐ **contact** 연락하다, 접촉하다, 연락, 접속, 닿음

STEP 04 전체지문 해석 확인하기

1 우리의 활기찬 공동체 행사를 축하합시다

2 우리는 우리의 공유된 유산, 문화, 그리고 지역 재능을 기념하기 위해 우리의 다양한 지역 사회를 화합하게 하는 연례행사인 곧 있을 City Harbour Festival을 발표하게 되어 기쁩니다. 3 여러분의 달력에 표시하고 신나는 주말에 우리와 함께 하세요!

세부 사항
4 • 날짜 : 6월 16일, 금요일 − 6월 18일, 일요일
5 • 시간 : 오전 10 : 00 − 오후 8 : 00 (금, 토)
　　　　오전 10 : 00 − 오후 6 : 00 (일)
6 • 장소 : City Harbour 공원, 시내 중심가, 주변 지역

하이라이트
7 • 라이브 공연
축제장 곳곳에 다수의 무대에서 다양한 라이브 음악, 춤, 그리고 연극 공연을 즐기세요.
8 • 푸드 트럭
무료 시식뿐만 아니라 다양하고 맛있는 요리를 제공하는 다양한 푸드 트럭과 함께 잔치를 즐기세요.

9 행사 및 활동의 전체 일정은 당사 웹사이트 www.cityharbourfestival.org를 방문하거나 축제사무소인 (552) 234-5678로 연락주세요.

STEP 05 · 중요 표현 복습하기

중요 표현 TEST

❶ celebrate _____

❷ vibrant _____

❸ pleased _____

❹ announce _____

❺ upcoming _____

❻ annual event _____

❼ bring together _____

❽ heritage _____

❾ mark _____

❿ exciting _____

⓫ detail _____

⓬ June _____

⓭ location _____

⓮ main street _____

⓯ surrounding _____

⓰ area _____

⓱ highlight _____

⓲ performance _____

⓳ a variety of _____

⓴ theatrical _____

㉑ multiple _____

㉒ throughout _____

㉓ feast _____

㉔ delicious _____

㉕ cuisine _____

㉖ as well as _____

㉗ activity _____

㉘ contact _____

중요 표현 TEST

❶ celebrate	축하하다, 기념하다, 찬양하다, 기리다	
❷ vibrant	활기찬, 생기가 넘치는, 강렬한, 선명한	
❸ pleased	기쁜, 기뻐하는, 만족해하는	
❹ announce	발표하다, 알리다	
❺ upcoming	곧 있을, 다가오는	
❻ annual event	연례행사, 1년 중 행사	
❼ bring together	화합하게 하다, 모으다, 화해시키다	
❽ heritage	유산, 전승, 전통	
❾ mark	표시를 하다, 채점하다, (경기의 득점을) 기록하다	
❿ exciting	신나는, 흥미진진한, 흥분하게 하는	
⓫ detail	세부 사항, 자세히 말하다	
⓬ June	6월	
⓭ location	장소, 곳, 위치, 주소	
⓮ main street	시내 중심가, 전형적인 미국 중산층	

⓯ surrounding	주변, 주위, 환경, 주위의, 인근의
⓰ area	지역, 구역, 부분
⓱ highlight	하이라이트, 가장 중요한 부분[장면], 강조하다
⓲ performance	공연, 연주회, 실적, 성과
⓳ a variety of	다양한, 여러 가지의
⓴ theatrical	연극의, 공연의, 연극조의, 과장된
㉑ multiple	다수의, 많은, 다양한, 복합적인
㉒ throughout	곳곳에, 도처에, ~동안, ~내내
㉓ feast	잔치, 연회, 축제일, 포식하다
㉔ delicious	맛있는, 냄새가 좋은, 아주 기분 좋은
㉕ cuisine	요리, 요리법
㉖ as well as	~뿐만 아니라, ~에 더하여
㉗ activity	활동, 움직임, 활기
㉘ contact	연락하다, 접촉하다, 연락, 접속, 닿음

Chapter 02

Chapter **02** 신(New) 독기 **신경향 지문 구문독해 ❸**

STEP 01 • 지문 훑어보기

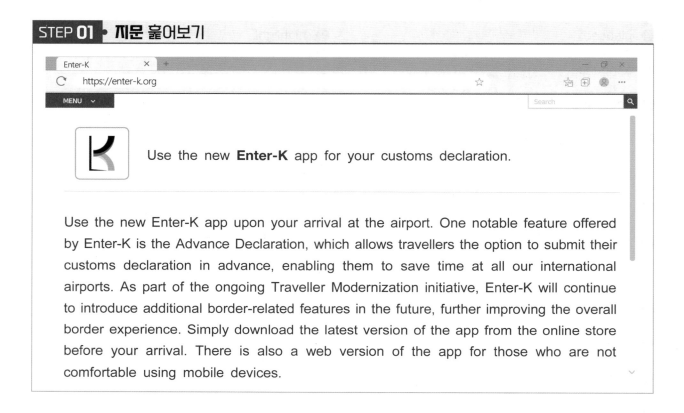

Enter-K

Use the new **Enter-K** app for your customs declaration.

Use the new Enter-K app upon your arrival at the airport. One notable feature offered by Enter-K is the Advance Declaration, which allows travellers the option to submit their customs declaration in advance, enabling them to save time at all our international airports. As part of the ongoing Traveller Modernization initiative, Enter-K will continue to introduce additional border-related features in the future, further improving the overall border experience. Simply download the latest version of the app from the online store before your arrival. There is also a web version of the app for those who are not comfortable using mobile devices.

STEP 02 • 구문독해 도전하기

01 Use the new **Enter-K** app for your customs declaration.

난이도

---

02 Use the new Enter-K app upon your arrival at the airport.

난이도

03
난이도

One notable feature offered by Enter-K is the Advance Declaration, which allows travellers the option to submit their customs declaration in advance, enabling them to save time at all our international airports.

_____

_____

_____

04
난이도

As part of the ongoing Traveller Modernization initiative, Enter-K will continue to introduce additional border-related features in the future, further improving the overall border experience.

_____

_____

_____

_____

05
난이도

Simply download the latest version of the app from the online store before your arrival.

_____

_____

06
난이도

There is also a web version of the app for those who are not comfortable using mobile devices.

_____

_____

_____

STEP 03 · 구문독해 학습하기

01 **구조분석** Use the new **Enter-K** app // for your customs declaration.

구문독해 새로운 Enter-K 앱을 사용하세요 // 당신의 세관 신고를 위해.

- ☐ **customs** 세관, 관세
- ☐ **declaration** (세관·세무서에의) 신고(서), 선언, 발표

02 **구조분석** Use the new Enter-K app // upon your arrival // at the airport.

구문독해 새로운 Enter-K 앱을 사용하세요 // 당신이 도착하자마자 // 공항에.

- ☐ **arrival** 도착, 도래, 도입
- ☐ **airport** 공항

03 **구조분석** One notable feature // offered by Enter-K // is the Advance Declaration, // which allows // travellers // the option to submit their customs declaration in advance, // enabling them to save time // at all our international airports.

구문독해 한 가지 주목할 만한 특징은 // Enter-K에 의해 제공되는 // Advance Declaration(사전 신고)인데, // 이것은 허용합니다 // 여행자들에게 // 미리 그들의 세관 신고서를 제출할 수 있는 옵션을 // 그들이 시간을 절약할 수 있게 // 우리의 모든 국제 공항에서.

- ☐ **notable** 주목할 만한, 눈에 띄는, 중요한, 유명한
- ☐ **feature** 특징, 특색, 특성, 특징으로 삼다, 특징을 이루다
- ☐ **allow** 허용하다, 허락하다, 용납하다
- ☐ **traveller** 여행자, 여행가, 유랑자
- ☐ **submit** 제출하다, 항복[굴복]하다
- ☐ **in advance** 미리, 전부터, 선금으로
- ☐ **enable** ~할 수 있게 하다, 가능하게 하다
- ☐ **international** 국제적인, 국제의

04 구조분석 As part of the ongoing Traveller Modernization initiative, // Enter-K will continue // to introduce additional border-related features in the future, // further improving the overall border experience.

구문독해 계속 진행 중인 Traveller Modernization(여행자 현대화) 계획의 일환으로 // Enter-K는 계속할 것입니다 // 미래에 국경 관련 추가 기능을 도입하여 // 전체적인 국경 경험을 더욱 향상시킬 것입니다.

- □ **as part of** ~의 일환으로, ~의 일부로서
- □ **ongoing** 계속 진행 중인
- □ **initiative** 계획, 진취성, 결단력, 주도권
- □ **introduce** 도입하다, 소개하다, 안내하다
- □ **border** 국경, 경계, 가장자리, 접하다, 경계를 이루다
- □ **related** 관련된, 친척의, 동족의
- □ **improve** 향상시키다, 개선하다, 나아지다
- □ **overall** 전체적인, 전반적인, 종합적인

05 구조분석 Simply download the latest version of the app // from the online store before your arrival.

구문독해 최신 버전의 앱을 간단히 다운로드 하세요 // 당신이 도착하기 전에 온라인 스토어에서.

- □ **latest** 최신의, 최근의

06 구조분석 There is also a web version of the app // for those // who are not comfortable using mobile devices.

구문독해 웹 버전의 앱 또한 있습니다 // 사람들을 위한 // 모바일 기기 사용이 불편한.

- □ **comfortable** 편안한, 안락한
- □ **device** 기기, 장치, 고안, 방책

STEP 04 • 전체지문 해석 확인하기

① 당신의 세관 신고를 위해 새로운 **Enter-K** 앱을 사용하세요.

② 공항에 당신이 도착하자마자 새로운 Enter-K 앱을 사용하세요. ③ Enter-K에 의해 제공되는 한 가지 주목할 만한 특징은 Advance Declaration(사전 신고)인데, 이것은 여행자들에게 미리 그들의 세관 신고서를 제출할 수 있는 옵션을 허용하고 그들이 우리의 모든 국제 공항에서 시간을 절약할 수 있게 합니다. ④ Enter-K는 계속 진행 중인 Traveller Modernization (여행자 현대화) 계획의 일환으로 미래에 국경 관련 추가 기능을 계속 도입하여 전체적인 국경 경험을 더욱 향상시킬 것입니다. ⑤ 당신이 도착하기 전에 온라인 스토어에서 최신 버전의 앱을 간단히 다운로드 하세요. ⑥ 모바일 기기 사용이 불편한 사람들을 위한 웹 버전의 앱 또한 있습니다.

STEP 05 • 중요 표현 복습하기

중요 표현 TEST

❶ customs _____

❷ declaration _____

❸ arrival _____

❹ airport _____

❺ notable _____

❻ feature _____

❼ allow _____

❽ traveller _____

❾ submit _____

❿ in advance _____

⑪ enable _____

⑫ international _____

⑬ as part of _____

⑭ ongoing _____

⑮ initiative _____

⑯ introduce _____

⑰ border _____

⑱ related _____

⑲ improve _____

⑳ overall _____

㉑ latest _____

㉒ comfortable _____

㉓ device _____

중요 표현 ANSWER

1 customs   세관, 관세

2 declaration   (세관·세무서에의) 신고(서), 선언, 발표

3 arrival   도착, 도래, 도입

4 airport   공항

5 notable   주목할 만한, 눈에 띄는, 중요한, 유명한

6 feature   특징, 특색, 특성, 특징으로 삼다, 특징을 이루다

7 allow   허용하다, 허락하다, 용납하다

8 traveller   여행자, 여행가, 유랑자

9 submit   제출하다, 항복[굴복]하다

10 in advance   미리, 전부터, 선금으로

11 enable   ~할 수 있게 하다, 가능하게 하다

12 international   국제적인, 국제의

13 as part of   ~의 일환으로, ~의 일부로서

14 ongoing   계속 진행 중인

15 initiative   계획, 진취성, 결단력, 주도권

16 introduce   도입하다, 소개하다, 안내하다

17 border   국경, 경계, 가장자리, 접하다, 경계를 이루다

18 related   관련된, 친척의, 동족의

19 improve   향상시키다, 개선하다, 나아지다

20 overall   전체적인, 전반적인, 종합적인

21 latest   최신의, 최근의

22 comfortable   편안한, 안락한

23 device   기기, 장치, 고안, 방책

Chapter 02

02

Chapter 02 신(New) 독기 **신경향 지문 구문독해 ④**

STEP 01 · 지문 훑어보기

office of labor   ×   +

https://olc.gov.org/introduction

Office of the Labor Commissioner

INTRODUCTION   POLICY ISSUES   DATA   SERVICES   NEWS   Q SEARCH

HOME > INTRODUCTION

Office of the Labor Commissioner(OLC) Responsibilities

The OLC is the principal labor regulatory agency for the state. The OLC is responsible for ensuring that minimum wage, prevailing wage, and overtime are paid to employees, and that employee break and lunch periods are provided. In addition, the OLC has authority over the employment of minors. It is the vision and mission of this office to resolve labor-related problems in an efficient, professional, and effective manner. This includes educating employers and employees regarding their rights and responsibilities under the law. The OLC takes enforcement action when necessary to ensure that workers are treated fairly and compensated for all time worked.

STEP 02 · 구문독해 도전하기

01   **Office of the Labor Commissioner(OLC) Responsibilities**

난이도

_____

_____

02   The OLC is the principal labor regulatory agency for the state.

난이도

_____

_____

03

The OLC is responsible for ensuring that minimum wage, prevailing wage, and overtime are paid to employees, and that employee break and lunch periods are provided.

---

04 In addition, the OLC has authority over the employment of minors.

---

05 It is the vision and mission of this office to resolve labor-related problems in an efficient, professional, and effective manner.

---

06 This includes educating employers and employees regarding their rights and responsibilities under the law.

---

07 The OLC takes enforcement action when necessary to ensure that workers are treated fairly and compensated for all time worked.

STEP 03 · 구문독해 학습하기

01 구조분석 **Office of the Labor Commissioner(OLC) Responsibilities**

구문독해 노동위원회(OLC) 사무소의 책임

- □ **commissioner** 위원, 장관
- □ **responsibility** 책임, 책무, 의무

02 구조분석 The OLC // is the principal labor regulatory agency // for the state.

구문독해 OLC는 // 주요 노동 규제 기관입니다 // 국가의.

- □ **principal** 주요한, 주된, 학장, 총장
- □ **regulatory** 규제의, 규정의, 조절의
- □ **agency** 기관, 대리[대행]점
- □ **state** 국가, 주, 상태, 말하다

03 구조분석 The OLC // is responsible for ensuring // that minimum wage, prevailing wage, and overtime are paid // to employees, // and that employee break and lunch periods are provided.

구문독해 OLC는 // 보장하는 것에 책임이 있습니다 // 최저 임금, 적정 임금, 그리고 초과 근무 수당이 지급되고 // 종업원에게 // 종업원의 휴식 및 점심시간이 제공되도록.

- □ **be responsible for** ~에 책임이 있다
- □ **ensure** 보장하다, 확실하게 하다, 안전하게 하다
- □ **minimum wage** 최저 임금
- □ **prevailing wage** 적정 임금
- □ **overtime** 초과[시간 외] 근무, 잔업, 야근
- □ **employee** 종업원

04 구조분석 In addition, // the OLC has authority // over the employment of minors.

구문독해 게다가, // OLC는 권한을 가지고 있습니다 // 미성년자 고용에 관한.

- □ **in addition** 게다가, 덧붙여
- □ **authority** 권한, 권위, 당국
- □ **employment** 고용, 취업
- □ **minor** 미성년자, 부전공, 작은, 가벼운

05 구조분석 It is the vision and mission of this office // to resolve labor-related problems // in an efficient, professional, and effective manner.

구문독해 본 사무소의 비전이자 임무입니다 // 노동과 관련된 문제들을 해결하는 것이 // 효율적이고 전문적이며 효과적인 방법으로.

- ☐ **vision** 비전, 시력, 시야, 환상, 상상
- ☐ **mission** 임무, 사명, 사절(단)
- ☐ **resolve** 해결하다, 결심하다, 분해[용해]하다
- ☐ **efficient** 효율적인, 능률적인, 유능한
- ☐ **professional** 전문의, 직업의, (지적) 직업인, 전문가
- ☐ **manner** 방법, 방식

06 구조분석 This includes // educating employers and employees // regarding their rights and responsibilities under the law.

구문독해 이것은 포함합니다 // 고용주와 종업원에게 교육하는 것을 // 법에 따른 그들의 권리와 책임에 대해.

- ☐ **employer** 고용주, 사용자
- ☐ **employee** 종업원
- ☐ **regarding** ~에 대하여, ~에 관하여
- ☐ **right** 권리, 정의, 오른쪽, 옳은, 정확한
- ☐ **under the law** 법에 따른, 법에 의한

07 구조분석 The OLC takes enforcement action // when necessary // to ensure // that workers are treated fairly // and compensated for all time worked.

구문독해 OLC는 집행 조치를 취합니다 // 필요할 때 // 보장할 수 있도록 // 근로자가 공정하게 대우받고 // 근무한 모든 시간에 대해 보상을 받는 것을.

- ☐ **take action** ~에 대해 조치를 취하다, 행동에 옮기다
- ☐ **enforcement** 집행, 시행, 실시
- ☐ **necessary** 필요한, 필연적인
- ☐ **treat** 대우하다, 취급하다, 다루다
- ☐ **fairly** 공정하게, 공평하게, 상당히, 꽤
- ☐ **compensate for** 보상하다, 보충하다

진가영 영어

STEP 04 전체지문 해석 확인하기

1 노동위원회(OLC) 사무소의 책임

2 OLC는 국가의 주요 노동 규제 기관입니다. **3** OLC는 최저 임금, 적정 임금, 그리고 초과 근무 수당 등이 종업원에게 지급되고 종업원의 휴식 및 점심시간이 제공되도록 보장하는 것에 책임이 있습니다. **4** 게다가, OLC는 미성년자 고용에 관한 권한을 가지고 있습니다. **5** 노동과 관련된 문제들을 효율적이고 전문적이며 효과적인 방법으로 해결하는 것이 본 사무소의 비전이자 임무입니다. **6** 이것은 고용주와 종업원에게 법에 따른 그들의 권리와 책임에 대해 교육하는 것을 포함합니다. **7** OLC는 근로자가 공정하게 대우받고 모든 근무 시간에 대해 보상을 받는 것을 보장할 수 있도록 필요할 때 집행 조치를 취합니다.

STEP 05 · 중요 표현 복습하기

중요 표현 TEST

❶ commissioner _____

❷ responsibility _____

❸ principal _____

❹ regulatory _____

❺ agency _____

❻ state _____

❼ be responsible for

_____

❽ ensure _____

❾ minimum wage

_____

❿ prevailing wage

_____

⓫ overtime _____

⓬ employee _____

⓭ in addition _____

⓮ authority _____

⓯ employment _____

⓰ minor _____

⓱ vision _____

⓲ mission _____

⓳ resolve _____

⓴ efficient _____

㉑ professional _____

㉒ manner _____

㉓ employer _____

㉔ employee _____

㉕ regarding _____

㉖ right _____

㉗ under the law _____

㉘ take action _____

㉙ enforcement _____

㉚ necessary _____

㉛ treat _____

㉜ fairly _____

㉝ compensate for

_____

중요 표현 ANSWER

❶ commissioner 위원, 장관

❷ responsibility 책임, 책무, 의무

❸ principal 주요한, 주된, 학장, 총장

❹ regulatory 규제의, 규정의, 조절의

❺ agency 기관, 대리[대행]점

❻ state 국가, 주, 상태, 말하다

❼ be responsible for
~에 책임이 있다

❽ ensure 보장하다, 확실하게 하다, 안전하게 하다

❾ minimum wage
최저 임금

❿ prevailing wage
적정 임금

⓫ overtime 초과[시간 외] 근무, 잔업, 야근

⓬ employee 종업원

⓭ in addition 게다가, 덧붙여

⓮ authority 권한, 권위, 당국

⓯ employment 고용, 취업

⓰ minor 미성년자, 부전공, 작은, 가벼운

⓱ vision 비전, 시력, 시야, 환상, 상상

⓲ mission 임무, 사명, 사절(단)

⓳ resolve 해결하다, 결심하다, 분해[용해]하다

⓴ efficient 효율적인, 능률적인, 유능한

㉑ professional 전문의, 직업의, (지적) 직업인, 전문가

㉒ manner 방법, 방식

㉓ employer 고용주, 사용자

㉔ employee 종업원

㉕ regarding ~에 대하여, ~에 관하여

㉖ right 권리, 정의, 오른쪽, 옳은, 정확한

㉗ under the law 법에 따른, 법에 의한

㉘ take action ~에 대해 조치를 취하다,
행동에 옮기다

㉙ enforcement 집행, 시행, 실시

㉚ necessary 필요한, 필연적인

㉛ treat 대우하다, 취급하다, 다루다

㉜ fairly 공정하게, 공평하게, 상당히, 꽤

㉝ compensate for
보상하다, 보충하다

Chapter **02**

신경향 지문 구문독해 ❺

STEP 01 ▶ 지문 훑어보기

The Ministry of Food and Drug Safety warned that cases of food poisoning have occurred as a result of cross-contamination, where people touch eggs and neglect to wash their hands before preparing food or using utensils. To mitigate such risks, the ministry advised refrigerating eggs and ensuring they are thoroughly cooked until both the yolk and white are firm. Over the past five years, a staggering 7,400 people experienced food poisoning caused by Salmonella bacteria. Salmonella thrives in warm temperatures, with approximately 37 degrees Celsius being the optimal growth condition. Consuming raw or undercooked eggs and failing to separate raw and cooked foods were identified as the most common causes of Salmonella infection. It is crucial to prioritize food safety measures and adhere to proper cooking practices to minimize the risk of Salmonella-related illnesses.

STEP 02 ▶ 구문독해 도전하기

01

난이도

The Ministry of Food and Drug Safety warned that cases of food poisoning have occurred as a result of cross-contamination, where people touch eggs and neglect to wash their hands before preparing food or using utensils.

_____

_____

_____

_____

02

난이도

To mitigate such risks, the ministry advised refrigerating eggs and ensuring they are thoroughly cooked until both the yolk and white are firm.

_____

_____

_____

03 Over the past five years, a staggering 7,400 people experienced food poisoning caused by Salmonella bacteria.

난이도

---

04 Salmonella thrives in warm temperatures, with approximately 37 degrees Celsius being the optimal growth condition.

난이도

---

05 Consuming raw or undercooked eggs and failing to separate raw and cooked foods were identified as the most common causes of Salmonella infection.

난이도

---

06 It is crucial to prioritize food safety measures and adhere to proper cooking practices to minimize the risk of Salmonella-related illnesses.

난이도

STEP 03 구문독해 학습하기

01 **구조분석** The Ministry of Food and Drug Safety warned // that cases of food poisoning have occurred // as a result of cross-contamination, // where people touch eggs // and neglect to wash their hands // before preparing food or using utensils.

구문독해 식품의약품안전처는 경고했다 // 식중독 사례가 발생했다고 // 교차 오염의 결과로 // 사람들이 달걀을 만지고 // 그들의 손을 씻는 것에 소홀히 하여 // 음식을 준비하거나 도구를 사용하기 전에.

☐ **Ministry of Food and Drug Safety** 식품의약품안전처
☐ **ministry** (정부의 각) 부처, 목사, 성직자
☐ **warn** 경고하다, 주의를 주다, 충고하다
☐ **food poisoning** 식중독
☐ **cross-contamination** (유해 박테리아에 의한) 교차 오염
☐ **neglect** 소홀하다, 방치하다, 무시하다, 간과하다
☐ **utensil** 도구, 기구, 가정용품

02 **구조분석** To mitigate such risks, // the ministry advised // refrigerating eggs and ensuring they are thoroughly cooked // until both the yolk and white are firm.

구문독해 이러한 위험을 완화시키기 위해 // 식약처는 권고했다 // 달걀을 냉장 보관하고 그것들을 완전히 익힐 것을 // 노른자와 흰자 모두 단단해질 때까지.

☐ **mitigate** 완화시키다, 경감시키다
☐ **advise** 권고하다, 충고하다, 조언하다
☐ **thoroughly** 완전히, 철저히
☐ **yolk** (달걀 등의) 노른자(위)
☐ **firm** 단단한, 확고한, 회사

03 **구조분석** Over the past five years, // a staggering 7,400 people experienced food poisoning // caused by Salmonella bacteria.

구문독해 지난 5년 동안, // 놀랍게도 7,400명의 사람들이 식중독을 경험했다 // 살모넬라균에 의해 야기된.

☐ **staggering** 놀랍게도, 충격적인, 믿기 어려운, 비틀거리는
☐ **cause** 야기하다, 초래하다, 이유, 원인

04 구조분석 Salmonella thrives in warm temperatures, // with approximately 37 degrees Celsius // being the optimal growth condition.

구문독해 살모넬라균은 따뜻한 온도에서 번성한다 // 대략 섭씨 37도가 // 최적의 성장 조건이다.

□ **thrive** 번성하다, 번영하다, 성장하다, 잘 자라다
□ **temperature** 온도, 기온, 체온
□ **approximately** 대략, 대체로, 거의
□ **degree** (온도 단위인) 도, 정도, 학위, 등급
□ **Celsius** 섭씨의
□ **optimal** 최적의, 최선의
□ **condition** 조건, 상태, 상황

05 구조분석 Consuming raw or undercooked eggs // and failing to separate raw and cooked foods // were identified // as the most common causes // of Salmonella infection.

구문독해 날달걀 또는 설익은 달걀을 먹고 // 날음식과 익힌 음식을 분리하지 못하는 것은 // 확인되었다 // 가장 흔한 원인으로 // 살모넬라균 감염의.

□ **consume** 먹다, 마시다, 소모하다
□ **raw** 날것의, 익히지 않은, 가공되지 않은
□ **undercooked** (음식이) 설익은
□ **fail to부정사** ~하지 못하다
□ **separate** 분리된, 분리하다, 가르다
□ **identify** 확인하다, 발견하다, 동일시하다
□ **common** 흔한, 공동의, 공통의
□ **infection** 감염, 전염병

06 구조분석 It is crucial // to prioritize food safety measures // and adhere to proper cooking practices // to minimize the risk // of Salmonella-related illnesses.

구문독해 중요하다 // 식품 안전 조치를 우선시하고 // 적절한 조리 관행을 지키는 것이 // 위험을 최소화하기 위해 // 살모넬라균과 관련된 질병의.

☐ **crucial** 중요한, 중대한, 결정적인
☐ **prioritize** 우선시하다, 우선순위를 매기다, 우선적으로 처리하다
☐ **measure** 조치, 정책, 측정, 치수, 양, 재다, 측정하다
☐ **adhere to** 지키다, ~을 고수하다
☐ **minimize** 최소화하다, 축소하다
☐ **illness** 질병, 질환, 아픔

STEP 04 · 전체지문 해석 확인하기

1 식품의약품안전처는 음식을 준비하거나 도구를 사용하기 전에 사람들이 달걀을 만지고 손을 씻는 것에 소홀하는 교차 오염의 결과로 식중독 사례가 발생했다고 경고했다. **2** 이러한 위험을 완화시키기 위해 식약처는 달걀을 냉장 보관하고 노른자와 흰자가 모두 단단해질 때까지 그것들을 완전히 익힐 것을 권고했다. **3** 지난 5년간, 놀랍게도 7,400명의 사람들이 살모넬라균에 의해 야기된 식중독을 경험했다. **4** 살모넬라균은 따뜻한 온도에서 번성하며, 대략 섭씨 37도가 최적의 성장 조건이다. **5** 날달걀 또는 설익은 달걀을 먹고 날음식과 익힌 음식을 분리하지 못하는 것이 살모넬라균 감염의 가장 흔한 원인으로 확인되었다. **6** 살모넬라균과 관련된 질병의 위험을 최소화하기 위해 식품 안전 조치를 우선시하고 적절한 조리 관행을 지키는 것이 중요하다.

STEP 05 · 중요 표현 복습하기

중요 표현 TEST

1 Ministry of Food and Drug Safety

_____

2 ministry _____

3 warn _____

4 food poisoning _____

5 cross-contamination

_____

6 neglect _____

7 utensil _____

8 mitigate _____

9 advise _____

10 thoroughly _____

11 yolk _____

12 firm _____

13 staggering _____

14 cause _____

15 thrive _____

16 temperature _____

17 approximately _____

18 degree _____

19 Celsius _____

20 optimal _____

21 condition _____

22 consume _____

23 raw _____

24 undercooked _____

25 fail to부정사 _____

26 separate _____

27 identify _____

28 common _____

29 infection _____

30 crucial _____

31 prioritize _____

32 measure _____

33 adhere to _____

34 minimize _____

35 illness _____

STEP 05 · 중요 표현 복습하기

중요 표현 ANSWER

❶ Ministry of Food and Drug Safety

식품의약품안전처

❷ ministry   (정부의 각) 부처, 목사, 성직자

❸ warn   경고하다, 주의를 주다, 충고하다

❹ food poisoning   식중독

❺ cross-contamination

(유해 박테리아에 의한) 교차 오염

❻ neglect   소홀하다, 방치하다, 무시하다, 간과하다

❼ utensil   도구, 기구, 가정용품

❽ mitigate   완화시키다, 경감시키다

❾ advise   권고하다, 충고하다, 조언하다

❿ thoroughly   완전히, 철저히

⓫ yolk   (달걀 등의) 노른자(위)

⓬ firm   단단한, 확고한, 회사

⓭ staggering   놀랍게도, 충격적인, 믿기 어려운,

비틀거리는

⓮ cause   야기하다, 초래하다, 이유, 원인

⓯ thrive   번성하다, 번영하다, 성장하다,

잘 자라다

⓰ temperature   온도, 기온, 체온

⓱ approximately   대략, 대체로, 거의

⓲ degree   (온도 단위인) 도, 정도, 학위, 등급

⓳ Celsius   섭씨의

⓴ optimal   최적의, 최선의

㉑ condition   조건, 상태, 상황

㉒ consume   먹다, 마시다, 소모하다

㉓ raw   날것의, 익히지 않은, 가공되지 않은

㉔ undercooked   (음식이) 설익은

㉕ fail to부정사   ~하지 못하다

㉖ separate   분리된, 분리하다, 가르다

㉗ identify   확인하다, 발견하다, 동일시하다

㉘ common   흔한, 공동의, 공통의

㉙ infection   감염, 전염병

㉚ crucial   중요한, 중대한, 결정적인

㉛ prioritize   우선시하다, 우선순위를 매기다,

우선적으로 처리하다

㉜ measure   조치, 정책, 측정, 치수, 양,

재다, 측정하다

㉝ adhere to   지키다, ~을 고수하다

㉞ minimize   최소화하다, 축소하다

㉟ illness   질병, 질환, 아픔

Chapter **02** 신(New) 독기 **신경향 지문 구문독해 ❻**

STEP 01 ▸ 지문 훑어보기

Despite ongoing efforts to address educational disparities, the persistent achievement gap among students continues to highlight significant inequities in the education system. Recent data reveal that marginalized students, including those from low-income back grounds and vulnerable groups, continue to lag behind their peers in academic performance. The gap poses a challenge to achieving educational equity and social mobility. Experts emphasize the need for targeted interventions, equitable resource allocation, and inclusive policies to bridge this gap and ensure equal opportunities for all students, irrespective of their socioeconomic status or background. The issue of continued educational divide should be addressed at all levels of education system in an effort to find a solution.

STEP 02 ▸ 구문독해 도전하기

01

난이도

Despite ongoing efforts to address educational disparities, the persistent achievement gap among students continues to highlight significant inequities in the education system.

_____

_____

_____

02

난이도

Recent data reveal that marginalized students, including those from low-income back grounds and vulnerable groups, continue to lag behind their peers in academic performance.

_____

_____

_____

03

난이도

The gap poses a challenge to achieving educational equity and social mobility.

_____

_____

04

난이도

Experts emphasize the need for targeted interventions, equitable resource allocation, and inclusive policies to bridge this gap and ensure equal opportunities for all students, irrespective of their socioeconomic status or background.

_____

_____

_____

_____

05

난이도

The issue of continued educational divide should be addressed at all levels of education system in an effort to find a solution.

_____

_____

_____

STEP 03 · **구문독해** 학습하기

01 **구조분석** Despite ongoing efforts // to address educational disparities, // the persistent achievement gap among students // continues to highlight // significant inequities in the education system.

구문독해 지속적인 노력에도 불구하고, // 교육 격차를 해결하기 위한 // 학생들 간의 끊임없이 지속되는 성취 격차는 // 계속해서 강조하고 있다 // 교육 체제의 상당한 불공평을.

☐ **despite** ~에도 불구하고
☐ **ongoing** 지속적인, 계속 진행 중인
☐ **disparity** 격차, 차이
☐ **persistent** 끊임없이 지속되는, 끈질긴, 집요한
☐ **highlight** 강조하다, 돋보이게 하다
☐ **significant** 상당한, 중대한, 중요한, 의미 있는
☐ **inequity** 불공평, 불공정

02 **구조분석** Recent data reveal // that marginalized students, // including those from low-income backgrounds and vulnerable groups, // continue to lag behind their peers // in academic performance.

구문독해 최근 자료들은 드러낸다 // 소외된 학생들이 // 저소득층 배경과 취약 계층 출신인 이들을 포함한 // 동료들보다 계속 뒤처지고 있다는 것을 // 학업 성적에서.

☐ **reveal** 드러내다, 나타내다, 밝히다
☐ **marginalize** ~을 소외되게 하다, 사회적으로 무시하다
☐ **low-income** 저소득의
☐ **background** 배경, 배후 사정
☐ **vulnerable** 취약한, 연약한
☐ **lag behind** ~보다 뒤(처)지다, 뒤떨어지다
☐ **academic performance** 학업 성적, 학업 성과

03 **구조분석** The gap poses a challenge // to achieving educational equity and social mobility.

구문독해 격차는 어려움을 제기한다 // 교육 형평성과 사회 이동성을 달성하는 데

☐ **pose** 제기하다, 두다, 놓다, 자세[태도]를 취하다, ~인 체하다
☐ **challenge** 어려움, 도전, 이의를 제기하다
☐ **equity** 형평성, 공평, 공정
☐ **mobility** 이동성, 기동성, 유동성

04 구조분석 Experts emphasize the need // for targeted interventions, // equitable resource allocation, // and inclusive policies // to bridge this gap // and ensure equal opportunities // for all students, // irrespective of their socioeconomic status or background.

구문독해 필요성을 전문가들은 강조한다 // 표적적 개입, // 공평한 자원 배분, // 그리고 포용적 정책의 // 이러한 격차를 해소하고 // 균등한 기회를 보장하기 위해 // 모든 학생들에게 // 사회경제적 지위 혹은 배경에 관계없이.

- ☐ **emphasize** 강조하다
- ☐ **intervention** 개입, 간섭
- ☐ **equitable** 공평한, 공정한
- ☐ **allocation** 배분, 할당
- ☐ **inclusive** 포용적인, 포괄적인, 포함된
- ☐ **bridge the gap** 격차를 해소하다
- ☐ **irrespective of** ~와 관계[상관]없이
- ☐ **status** 지위, 신분, 자격

05 구조분석 The issue of continued educational divide // should be addressed // at all levels of education system // in an effort to find a solution.

구문독해 지속적인 교육 격차의 문제는 // 해결되어야 한다 // 교육 체제의 모든 수준에서 // 해결책을 찾기 위한 노력으로.

- ☐ **educational divide** 교육 격차
- ☐ **address** 해결하다, 다루다, 연설하다, 주소, 연설

STEP 04 전체지문 해석 확인하기

1 교육 격차를 해결하기 위한 지속적인 노력에도 불구하고, 학생들 간의 끊임없이 지속되는 성취 격차는 교육 체제의 상당한 불평등을 계속해서 강조하고 있다. 2 최근 자료들은 저소득층 배경과 취약 계층을 포함한 소외된 학생들이 학업 성적에서 동료들보다 계속 뒤처지고 있음을 보여준다. 3 격차는 교육 형평성과 사회 이동성을 달성하는 데 어려움을 제기한다. 4 전문가들은 이러한 격차를 해소하고 사회경제적 지위나 배경에 관계없이 모든 학생들에게 균등한 기회를 보장하기 위해 표적적 개입, 공평한 자원 배분, 포용적 정책의 필요성을 강조한다. 5 지속적인 교육 격차의 문제는 교육 체제의 모든 수준에서 해결책을 찾기 위한 노력으로 해결되어야 한다.

STEP 05 · 중요 표현 복습하기

중요 표현 TEST

❶ despite _____

❷ ongoing _____

❸ disparity _____

❹ persistent _____

❺ highlight _____

❻ significant _____

❼ inequity _____

❽ reveal _____

❾ marginalize _____

❿ low-income _____

⓫ background _____

⓬ vulnerable _____

⓭ lag behind _____

⓭ academic performance

_____

⓮ pose _____

⓯ challenge _____

⓰ equity _____

⓱ mobility _____

⓲ emphasize _____

⓳ intervention _____

⓴ equitable _____

㉑ allocation _____

㉒ inclusive _____

㉓ bridge the gap

_____

㉔ irrespective of_____

㉕ status _____

㉖ educational divide

_____

㉗ address _____

중요 표현 ANSWER

1 despite   ~에도 불구하고

2 ongoing   지속적인, 계속 진행 중인

3 disparity   격차, 차이

4 persistent   끊임없이 지속되는, 끈질긴, 집요한

5 highlight   강조하다, 돋보이게 하다

6 significant   상당한, 중대한, 중요한, 의미 있는

7 inequity   불공평, 불공정

8 reveal   드러내다, 나타내다, 밝히다

9 marginalize   ~을 소외되게 하다, 사회적으로 무시하다

10 low-income   저소득의

11 background   배경, 배후 사정

12 vulnerable   취약한, 연약한

13 lag behind   ~보다 뒤(처)지다, 뒤떨어지다

13 academic performance   학업 성적, 학업 성과

14 pose   제기하다, 두다, 놓다, 자세[태도]를 취하다, ~인 체하다

15 challenge   어려움, 도전, 이의를 제기하다

16 equity   형평성, 공평, 공정

17 mobility   이동성, 기동성, 유동성

18 emphasize   강조하다

19 intervention   개입, 간섭

20 equitable   공평한, 공정한

21 allocation   배분, 할당

22 inclusive   포용적인, 포괄적인, 포함된

23 bridge the gap   격차를 해소하다

24 irrespective of   ~와 관계[상관]없이

25 status   지위, 신분, 자격

26 educational divide   교육 격차

27 address   해결하다, 다루다, 연설하다, 주소, 연설

Chapter **02** 신(New) 독기 # 신경향 지문 구문독해 ❼

STEP 01 • 지문 훑어보기

Every parent or guardian of small children will have experienced the desperate urge to get out of the house and the magical restorative effect of even a short trip to the local park. There is probably more going on here than just letting off steam. The benefits for kids of getting into nature are huge, ranging from better academic performance to improved mood and focus. Childhood experiences of nature can also boost environmentalism in adulthood. Having access to urban green spaces can play a role in children's social networks and friendships.

STEP 02 • 구문독해 도전하기

01
난이도
Every parent or guardian of small children will have experienced the desperate urge to get out of the house and the magical restorative effect of even a short trip to the local park.

02
난이도
There is probably more going on here than just letting off steam.

03
난이도
The benefits for kids of getting into nature are huge, ranging from better academic performance to improved mood and focus.

04 Childhood experiences of nature can also boost environmentalism in adulthood.

난이도

_____

_____

05 Having access to urban green spaces can play a role in children's social networks and friendships.

난이도

_____

_____

_____

STEP 03 ▶ 구문독해 학습하기

01 구조분석 Every parent or guardian of small children // will have experienced // the desperate urge // to get out of the house // and the magical restorative effect // of even a short trip to the local park.

구문독해 어린 아이들의 모든 부모 혹은 보호자는 // 경험했을 것이다 // 필사적인 충동과 // 집에서 나가고 싶은 // 마법 같은 회복 효과를 // 심지어 지역 공원으로의 짧은 여행의.

☐ **guardian** 보호자, 후견인
☐ **desperate** 필사적인, 절망적인
☐ **urge** 충동, 욕구, 충고하다, 권고하다
☐ **get out of** ~에서 나오다, 도망치다
☐ **restorative** 회복하는, 복원하는

02 구조분석 There is probably more going on here // than just letting off steam.

구문독해 여기서 아마도 이상의 일이 일어나고 있을 것이다 // 단지 기분을 푸는 것.

☐ **probably** 아마
☐ **going on** (일이) 일어나고 있는
☐ **let off steam** 기분을 풀다, 울분[열기 등]을 발산하다

03 **구조분석** The benefits for kids of getting into nature // are huge, // ranging from better academic performance // to improved mood and focus.

구문독해 아이들에게 자연에 들어가는 것의 이점들은 // 엄청나다 // 더 나은 학업 성취로부터 // 향상된 기분과 집중에 이르기까지.

- □ **get into** ~에 들어가다, ~에 도착하다
- □ **range from A to B** (범위가) A에서 B까지이다, A에서 B에 이르다
- □ **improved** 향상된, 개선된

04 **구조분석** Childhood experiences of nature // can also boost environmentalism // in adulthood.

구문독해 자연에 대한 어린 시절의 경험들은 // 또한 환경 보호주의를 신장시킬 수도 있다 // 성인기에.

- □ **childhood** 어린 시절
- □ **boost** 신장시키다, 북돋우다
- □ **environmentalism** 환경 보호주의, 환경 결정론
- □ **adulthood** 성인기, 성년

05 **구조분석** Having access to urban green spaces // can play a role // in children's social networks and friendships.

구문독해 도시의 녹지 공간에 접근하는 것은 // 역할을 할 수 있다 // 아이들의 사회적 관계망과 우정에.

- □ **access** 접근, 입장, 접근하다, 들어가다
- □ **green space** 녹지 공간
- □ **play a role in** ~에서 역할을 하다
- □ **friendship** 우정, 친선, 교우 관계

STEP 04 전체지문 해석 확인하기

1 어린 아이들의 모든 부모나 보호자는 집에서 나가고 싶은 필사적인 충동과 심지어 지역 공원으로의 짧은 여행의 마법 같은 회복 효과를 경험했을 것이다. 2 여기서 아마도 단지 기분을 푸는 것 이상의 일이 일어나고 있을 것이다. 3 더 나은 학업 성취로부터 향상된 기분과 집중에 이르기까지, 아이들에게 자연에 들어가는 것의 이점들은 엄청나다. 4 자연에 대한 어린 시절의 경험들은 성인기에 환경 보호주의를 신장시킬 수도 있다. 5 도시의 녹지 공간에 접근하는 것은 아이들의 사회적 관계망과 우정에 역할을 할 수 있다.

STEP 05 · 중요 표현 복습하기

중요 표현 TEST

1 guardian _____

2 desperate _____

3 urge _____

4 get out of _____

5 restorative _____

6 probably _____

7 going on _____

8 let off steam _____

9 get into _____

10 range from A to B

_____

11 improved _____

12 childhood _____

13 boost _____

14 environmentalism

_____

15 adulthood _____

16 access _____

17 green space _____

18 play a role in _____

19 friendship _____

중요 표현 ANSWER

① guardian   보호자, 후견인

② desperate   필사적인, 절망적인

③ urge   충동, 욕구, 충고하다, 권고하다

④ get out of   ~에서 나오다, 도망치다

⑤ restorative   회복하는, 복원하는

⑥ probably   아마

⑦ going on   (일이) 일어나고 있는

⑧ let off steam   기분을 풀다, 울분[열기 등]을 발산하다

⑨ get into   ~에 들어가다, ~에 도착하다

⑩ range from A to B

   (범위가) A에서 B까지이다,

   A에서 B에 이르다

⑪ improved   향상된, 개선된

⑫ childhood   어린 시절

⑬ boost   신장시키다, 북돋우다

⑭ environmentalism

   환경 보호주의, 환경 결정론

⑮ adulthood   성인기, 성년

⑯ access   접근, 입장, 접근하다, 들어가다

⑰ green space   녹지 공간

⑱ play a role in   ~에서 역할을 하다

⑲ friendship   우정, 친선, 교우 관계

Chapter **02** 신(New) 독기 **신경향 지문 구문독해 ⑧**

STEP 01 · 지문 훑어보기

Economists Chay and Greenstone evaluated the value of cleaning up of air pollution after the Clean Air Act of 1970. Before 1970, there was little federal regulation of air pollution, and the issue was not high on the agenda of state legislators. As a result, many counties allowed factories to operate without any regulation on their pollution, and in several heavily industrialized counties, pollution had reached very high levels. In particular, in many urban counties, air pollution, as measured by the amount of total suspended particles, had reached dangerous levels. The Clean Air Act established guidelines for what constituted excessively high levels of five particularly dangerous pollutants. Following the Act in 1970 and the 1977 amendment, there were improvements in air quality.

STEP 02 · 구문독해 도전하기

01

난이도

Economists Chay and Greenstone evaluated the value of cleaning up of air pollution after the Clean Air Act of 1970.

_____

_____

_____

02

난이도

Before 1970, there was little federal regulation of air pollution, and the issue was not high on the agenda of state legislators.

_____

_____

_____

03

난이도

As a result, many counties allowed factories to operate without any regulation on their pollution, and in several heavily industrialized counties, pollution had reached very high levels.

04

난이도

In particular, in many urban counties, air pollution, as measured by the amount of total suspended particles, had reached dangerous levels.

05

난이도

The Clean Air Act established guidelines for what constituted excessively high levels of five particularly dangerous pollutants.

06

난이도

Following the Act in 1970 and the 1977 amendment, there were improvements in air quality.

STEP 03 **구문독해** 학습하기

01 　구조분석　 Economists Chay and Greenstone evaluated // the value of cleaning up of air pollution // after the Clean Air Act of 1970.

　구문독해　 경제학자 Chay와 Greenstone은 평가했다 // 대기오염 정화의 가치를 // 1970년 대기 오염 방지법 이후.

☐ **economist** 경제학자, 경제 전문가
☐ **evaluate** 평가하다, ~의 수치를 구하다
☐ **act** 법령, 행동, 행동하다

02 구조분석 Before 1970, // there was little federal regulation of air pollution, // and the issue was not high // on the agenda of state legislators.

구문독해 1970년 이전에는, // 대기오염에 대한 연방 정부의 규제가 거의 없었고, // 그 문제가 중요하지 않았다 // 주 입법자들의 의제에서.

☐ **federal** 연방 정부의, 연방제의
☐ **regulation** 규제, 규정, 법규, 단속
☐ **agenda** 의제, 안건
☐ **legislator** 입법자, 법률 제정자, 의회[국회]의원

03 구조분석 As a result, // many counties allowed // factories to operate // without any regulation on their pollution, // and in several heavily industrialized counties, // pollution had reached very high levels.

구문독해 결과적으로, // 많은 주들이 허용했다 // 공장들이 가동하는 것을 // 오염에 대한 어떤 규제도 없이, // 그리고 몇몇 고도로 산업화된 주들에서는 // 오염이 매우 높은 수준에 도달했다.

☐ **county** (자치)주, 군
☐ **operate** 가동[작동]하다, 작용하다, 수술하다
☐ **industrialize** 산업화하다, 공업화하다

04 구조분석 In particular, // in many urban counties, // air pollution, // as measured by the amount of total suspended particles, // had reached dangerous levels.

구문독해 특히, // 많은 도시의 주들에서는 // 공기 오염이 // 총 부유 입자들의 양으로 측정되는 // 위험 수준에 도달했다.

☐ **in particular** 특히, 특별히
☐ **urban** 도시의
☐ **amount** 양, 총액, (총계·수치가) ~에 달하다
☐ **suspend** 부유시키다, 매달다, 중지하다, 연기하다
☐ **particle** 입자, 조각, 미립자

05 〔구조분석〕 The Clean Air Act established guidelines // for what constituted excessively high levels // of five particularly dangerous pollutants.

〔구문독해〕 대기 오염 방지법은 지침을 제정했다 // 무엇이 과도하게 높은 수준을 구성하는 지에 // 5가지 특히 위험한 오염 물질의.

- □ **Clean Air Act** 대기 오염 방지법
- □ **establish** 제정하다, 설립하다, 확고히 하다
- □ **guideline** 지침, 지표
- □ **constitute** ~을 구성하다, 이루다, 설립하다
- □ **excessively** 과도하게, 지나치게
- □ **pollutant** 오염 물질, 오염원

06 〔구조분석〕 Following the Act in 1970 and the 1977 amendment, // there were improvements in air quality.

〔구문독해〕 1970년 이 법령과 1977년 개정 이후에, // 대기의 질의 개선이 있었다.

- □ **following** ~ 후에, ~에 따라, 그 다음의
- □ **amendment** 개정, 수정
- □ **improvement** 개선, 호전, 향상
- □ **quality** 질, 품질, 속성

STEP 04 · 전체지문 해석 확인하기

1 경제학자 Chay와 Greenstone은 1970년 대기 오염 방지법 이후 대기오염 정화의 가치를 평가했다. **2** 1970년 이전에는 대기오염에 대한 연방 정부의 규제가 거의 없었고, 주 의원들의 의제에서 그 문제가 중요하지 않았다. **3** 결과적으로, 많은 주들이 오염에 대한 규제 없이 공장들이 가동하는 것을 허용했고, 몇몇 고도로 산업화된 주들에서는 오염이 매우 높은 수준에 도달했다. **4** 특히 많은 도시의 주들에서는 총 부유입자의 양으로 측정되는 대기오염이 위험 수준에 도달했다. **5** 대기 오염 방지법은 무엇이 5가지 특히 위험한 오염물질의 과도하게 높은 수준을 구성하는 지에 대한 지침을 제정했다. **6** 1970년 이 법령과 1977년 개정에 이후에, 대기의 질이 개선이 있었다.

STEP 05 · 중요 표현 복습하기

중요 표현 TEST

❶ economist _____

❷ evaluate _____

❸ act _____

❹ federal _____

❺ regulation _____

❻ agenda _____

❼ legislator _____

❽ county _____

❾ operate _____

❿ industrialize _____

⓫ in particular _____

⓬ urban _____

⓭ amount _____

⓮ suspend _____

⓯ particle _____

⓰ Clean Air Act _____

⓱ establish _____

⓲ guideline _____

⓳ constitute _____

⓴ excessively _____

㉑ pollutant _____

㉒ following _____

㉓ amendment _____

㉔ improvement _____

㉕ quality _____

중요 표현 ANSWER

1 economist — 경제학자, 경제 전문가

2 evaluate — 평가하다, ~의 수치를 구하다

3 act — 법령, 행동, 행동하다

4 federal — 연방 정부의, 연방제의

5 regulation — 규제, 규정, 법규, 단속

6 agenda — 의제, 안건

7 legislator — 입법자, 법률 제정자, 의회[국회]의원

8 county — (자치)주, 군

9 operate — 가동[작동]하다, 작용하다, 수술하다

10 industrialize — 산업화하다, 공업화하다

11 in particular — 특히, 특별히

12 urban — 도시의

13 amount — 양, 총액, (총계·수치가) ~에 달하다

14 suspend — 부유시키다, 매달다, 중지하다, 연기하다

15 particle — 입자, 조각, 미립자

16 Clean Air Act — 대기 오염 방지법

17 establish — 제정하다, 설립하다, 확고히 하다

18 guideline — 지침, 지표

19 constitute — ~을 구성하다, 이루다, 설립하다

20 excessively — 과도하게, 지나치게

21 pollutant — 오염 물질, 오염원

22 following — ~ 후에, ~에 따라, 그 다음의

23 amendment — 개정, 수정

24 improvement — 개선, 호전, 향상

25 quality — 질, 품질, 속성

Chapter 02 신(New) 독기 신경향 지문 구문독해 ⑨

STEP 01 · 지문 훑어보기

Before anyone could witness what had happened, I shoved the loaves of bread up under my shirt, wrapped the hunting jacket tightly about me, and walked swiftly away. The heat of the bread burned into my skin, but I clutched it tighter, clinging to life. By the time I reached home, the loaves had cooled somewhat, but the insides were still warm. When I dropped them on the table, my sister's hands reached to tear off a chunk, but I made her sit, forced my mother to join us at the table, and poured warm tea. I sliced the bread. We ate an entire loaf, slice by slice. It was good hearty bread, filled with raisins and nuts.

STEP 02 · 구문독해 도전하기

01
난이도
Before anyone could witness what had happened, I shoved the loaves of bread up under my shirt, wrapped the hunting jacket tightly about me, and walked swiftly away.

02
난이도
The heat of the bread burned into my skin, but I clutched it tighter, clinging to life.

03
난이도
By the time I reached home, the loaves had cooled somewhat, but the insides were still warm.

04 When I dropped them on the table, my sister's hands reached to tear off a chunk, but I
made her sit, forced my mother to join us at the table, and poured warm tea.

난이도

_____

_____

_____

05 I sliced the bread.

난이도

_____

06 We ate an entire loaf, slice by slice.

난이도

_____

07 It was good hearty bread, filled with raisins and nuts.

난이도

_____

STEP 03 구문독해 학습하기

01 **구조분석** Before anyone could witness // what had happened, // I shoved the loaves of bread
up // under my shirt, // wrapped the hunting jacket tightly about me, // and walked
swiftly away.

구문독해 누군가가 목격하기 전에 // 무슨 일이 일어났는지 // 나는 빵 덩어리들을 아무렇게나 넣었다 // 내 셔츠 아래로
// 헌팅 재킷을 몸에 꽉 감싸 입고 // 신속하게 걸어 나갔다.

☐ **witness** 목격하다, 목격자, 증인
☐ **shove** 아무렇게나 넣다, 밀치다
☐ **loaves** 빵 한 덩이(loaf)의 복수형
☐ **wrap** 싸다, 포장하다, 랩, 포장지
☐ **hunting jacket** 헌팅 재킷
☐ **tightly** 꽉, 단단히, 빽빽이
☐ **swiftly** 신속하게, 재빠르게

02 구조분석 The heat of the bread // burned into my skin, // but // I clutched it tighter, // clinging to life.

구문독해 빵의 열기가 // 내 피부 안을 태웠다 // 하지만 // 나는 그것을 더 단단히 꽉 움켜잡고 // 삶에 매달렸다.

□ **burn** 태우다, 불에 타다, 화상을 입히다
□ **clutch** (꽉) 움켜잡다
□ **cling to** 매달리다, 고수하다

03 구조분석 By the time I reached home, // the loaves had cooled somewhat, // but // the insides were still warm.

구문독해 집에 도착할 때쯤, // 빵 덩어리들은 약간 식었다 // 하지만 // 속은 여전히 따뜻했다.

□ **by the time** ~할 때쯤, ~할 때까지
□ **somewhat** 약간, 어느 정도, 다소

04 구조분석 When I dropped them on the table, // my sister's hands reached // to tear off a chunk, // but // I made her sit, // forced my mother to join us at the table, // and poured warm tea.

구문독해 내가 그것들을 식탁에 떨어뜨릴 때, // 내 누나의 손이 다가왔다 // 한 덩어리를 찢으려고 // 하지만 // 나는 그녀를 앉히고 // 식탁에 어머니께서 우리와 함께 하도록 했고 // 따뜻한 차를 따랐다.

□ **tear off** 찢어내다, 떼어내다, ~를 벗기다
□ **chunk** 덩어리
□ **pour** (음료를) 따르다[따라 주다], 붓다

05 구조분석 I sliced the bread.

구문독해 나는 빵을 잘랐다.

□ **slice** 자르다, 썰다, 조각, 부분

06 **구조분석** We ate an entire loaf, // slice by slice.

구문독해 우리는 빵 한 덩이 전체를 먹었다 // 한 조각 한 조각씩.

☐ **entire** 전체의, 전부의
☐ **loaf** 빵 한 덩이, 빈둥거리다

07 **구조분석** It was good hearty bread, // filled with raisins and nuts.

구문독해 그것은 좋은 푸짐한 빵이었다, // 건포도와 견과류로 가득찬.

☐ **hearty** 푸짐한, 원기 왕성한, 애정어린, 친절한
☐ **filled with** ~로 가득찬
☐ **raisins** 건포도
☐ **nut** 견과

STEP 04 · 전체지문 해석 확인하기

1️⃣ 누군가가 무슨 일이 일어났는지 목격하기 전에 나는 빵 덩어리들을 내 셔츠 아래로 아무렇게나 넣고 헌팅 재킷을 몸에 꽉 감싸 입고 신속하게 걸어 나갔다. 2️⃣ 빵의 열기가 내 피부 안을 태웠지만, 나는 그것을 더 단단히 꽉 움켜잡고 삶에 매달렸다. 3️⃣ 집에 도착할 때쯤, 빵 덩어리들은 약간 식었지만 속은 여전히 따뜻했다. 4️⃣ 내가 그것들을 식탁에 떨어뜨릴 때, 내 누나의 손이 다가와 한 덩어리를 찢으려고 했지만 나는 그녀를 앉히고 식탁에 어머니께서 우리와 함께 하도록 했고, 따뜻한 차를 따랐다. 5️⃣ 나는 빵을 잘랐다. 6️⃣ 우리는 한 조각 한 조각씩, 빵 한 덩이 전체를 먹었다. 7️⃣ 그것은 건포도와 견과류로 가득찬 좋은 푸짐한 빵이었다.

STEP 05 ▸ 중요 표현 복습하기

중요 표현 TEST

① witness _____

② shove _____

③ loaves _____

④ wrap _____

⑤ hunting jacket _____

⑥ tightly _____

⑦ swiftly _____

⑧ burn _____

⑨ clutch _____

⑩ cling to _____

⑪ by the time _____

⑫ somewhat _____

⑬ tear off _____

⑭ chunk _____

⑮ pour _____

⑯ slice _____

⑰ entire _____

⑱ loaf _____

⑲ hearty _____

⑳ filled with _____

㉑ raisins _____

㉒ nut _____

진가영 영어

중요 표현 ANSWER

1 witness — 목격하다, 목격자, 증인

2 shove — 아무렇게나 넣다, 밀치다

3 loaves — 빵 한 덩이(loaf)의 복수형

4 wrap — 싸다, 포장하다, 랩, 포장지

5 hunting jacket — 헌팅 재킷

6 tightly — 꽉, 단단히, 빽빽이

7 swiftly — 신속하게, 재빠르게

8 burn — 태우다, 불에 타다, 화상을 입히다

9 clutch — (꽉) 움켜잡다

10 cling to — 매달리다, 고수하다

11 by the time — ~할 때쯤, ~할 때까지

12 somewhat — 약간, 어느 정도, 다소

13 tear off — 찢어내다, 떼어내다, ~를 벗기다

14 chunk — 덩어리

15 pour — (음료를) 따르다[따라 주다], 붓다

16 slice — 자르다, 썰다, 조각, 부분

17 entire — 전체의, 전부의

18 loaf — 빵 한 덩이, 빈둥거리다

19 hearty — 푸짐한, 원기 왕성한, 애정어린, 친절한

20 filled with — ~로 가득찬

21 raisins — 건포도

22 nut — 견과

Chapter 02 신(New) 독기 **신경향 지문 구문독해 ⑩**

STEP 01 · 지문 훑어보기

Falling fertility rates are projected to result in shrinking populations for nearly every country by the end of the century. The global fertility rate was 4.7 in 1950, but it dropped by nearly half to 2.4 in 2017. It is expected to fall below 1.7 by 2100. As a result, some researchers predict that the number of people on the planet would peak at 9.7 billion around 2064 before falling down to 8.8 billion by the century's end. This transition will also lead to a significant aging of populations, with as many people reaching 80 years old as there are being born. Such a demographic shift raises concerns about future challenges, including taxation, healthcare for the elderly, caregiving responsibilities, and retirement. To ensure a "soft landing" into a new demographic landscape, researchers emphasize the need for careful management of the transition.

STEP 02 · 구문독해 도전하기

01

난이도

Falling fertility rates are projected to result in shrinking populations for nearly every country by the end of the century.

02

난이도

The global fertility rate was 4.7 in 1950, but it dropped by nearly half to 2.4 in 2017.

03
난이도

It is expected to fall below 1.7 by 2100.

04
난이도

As a result, some researchers predict that the number of people on the planet would peak at 9.7 billion around 2064 before falling down to 8.8 billion by the century's end.

05
난이도

This transition will also lead to a significant aging of populations, with as many people reaching 80 years old as there are being born.

06
난이도

Such a demographic shift raises concerns about future challenges, including taxation, healthcare for the elderly, caregiving responsibilities, and retirement.

07
난이도

To ensure a "soft landing" into a new demographic landscape, researchers emphasize the need for careful management of the transition.

STEP 03 구문독해 학습하기

01 `구조분석` Falling fertility rates are projected // to result in shrinking populations for nearly every country // by the end of the century.

`구문독해` 떨어지는 출산율이 예상된다 // 거의 모든 국가의 인구 감소를 야기할 것으로 // 세기말에는.

- ☐ **falling** 떨어지는, 하락하는, 하락, 강하, 추락
- ☐ **fertility rate** 출산율, 출생률
- ☐ **project** 예상하다, 추정하다, 계획하다, 계획, 과제
- ☐ **result in** ~을 야기하다, 그 결과 ~가 되다
- ☐ **shrink** 줄어들다, 오그라지다
- ☐ **population** 인구, 주민
- ☐ **the end of a century** 세기말

02 `구조분석` The global fertility rate was 4.7 in 1950, // but // it dropped // by nearly half to 2.4 // in 2017.

`구문독해` 세계 출산율은 1950년에 4.7명이었다 // 하지만 // 그것은 떨어졌다 // 거의 절반인 2.4명으로 // 2017년에는.

- ☐ **drop** 떨어지다, 쓰러지다, 방울, 소량
- ☐ **nearly** 거의, 대략

03 `구조분석` It is expected to fall // below 1.7 // by 2100.

`구문독해` 그것은 떨어질 것으로 예상된다 // 1.7명 아래로 // 2100년에는.

- ☐ **expect** 예상하다, 기대하다
- ☐ **below** 아래에, 밑에

04 구조분석 As a result, // some researchers // predict // that the number of people on the planet // would peak at 9.7 billion // around 2064 // before falling down // to 8.8 billion // by the century's end.

구문독해 결과적으로, // 일부 연구원들은 예측한다 // 지구상의 사람들의 수가 // 97억 명으로 절정에 달할 것이라고 // 약 2064년에 // 88억 명으로 떨어지기 전에 // 세기말에는.

☐ **predict** 예측하다, 예견하다
☐ **around** 약, 쯤, 주위에, 사방에
☐ **fall down** 떨어지다, 무너지다

05 구조분석 This transition will also lead to a significant aging of populations, // with as many people // reaching 80 years old // as there are being born.

구문독해 이 전환은 또한 인구의 상당한 고령화로 이어질 것이며, // 많은 사람들이 // 80세에 이르는 // 태어나는 수만큼.

☐ **transition** 전환, 이행
☐ **lead to** ~로 이어지다
☐ **aging** 고령화, 노령화, 노화
☐ **reach** ~에 이르다, 도달하다, 거리, 범위

06 구조분석 Such a demographic shift raises concerns // about future challenges, // including taxation, healthcare for the elderly, caregiving responsibilities, and retirement.

구문독해 이러한 인구 통계학적인 변화는 우려를 제기한다 // 미래의 도전에 대한 // 세금, 노인 건강관리, 돌봄 책임 그리고 은퇴를 포함한.

☐ **demographic** 인구 통계학적인, 인구학의, 인구의
☐ **shift** 변화, 옮기다, 이동하다
☐ **raise concern** 우려를 제기하다
☐ **taxation** 세금, 조세
☐ **elderly** 노인, 어르신들, 연세가 드신
☐ **caregiving** 돌봄, 부양
☐ **retirement** 은퇴, 퇴직

07 구조분석 To ensure a "soft landing" // into a new demographic landscape, // researchers emphasize the need // for careful management of the transition.

구문독해 "부드러운 착륙"을 보장하기 위해 // 새로운 인구의 지형으로의 // 연구원들은 필요성을 강조한다 // 전환의 신중한 관리의.

- ☐ **soft landing** 부드러운 착륙, 연착륙(경기 성장세가 꺾이지만 급격한 둔화까지 이어지지 않는 것)
- ☐ **landscape** 지형, 풍경, 분야, 영역
- ☐ **management** 관리, 경영, 운영, 관리
- ☐ **transition** 전환, 전이, 이행

STEP 04 전체지문 해석 확인하기

1️⃣ 떨어지는 출산율이 세기말까지 거의 모든 국가의 인구 감소를 야기할 것으로 예상된다. 2️⃣ 세계 출산율은 1950년에 4.7명이었지만 2017년에는 거의 절반인 2.4명으로 감소했다. 3️⃣ 2100년에는 1.7명 아래로 떨어질 것으로 예상된다. 4️⃣ 결과적으로, 일부 연구원들은 지구상의 사람들의 수가 세기말에는 88억 명으로 떨어지기 전에 2064년에 97억 명으로 절정에 달할 것으로 예측한다. 5️⃣ 이 전환은 태어나는 수만큼 많은 사람들이 80세에 도달하며 또한 인구의 상당한 고령화로 이어질 것이다. 6️⃣ 이러한 인구학적 변화는 세금, 노인 건강관리, 돌봄 책임 및 은퇴를 포함한 미래의 도전에 대한 우려를 제기한다. 7️⃣ 새로운 인구의 지형으로의 "부드러운 착륙"을 보장하기 위해 연구원들은 전환의 신중한 관리의 필요성을 강조한다.

STEP 05 · 중요 표현 복습하기

중요 표현 TEST

1 falling _____

2 fertility rate _____

3 project _____

4 result in _____

5 shrink _____

6 population _____

7 the end of a century
_____

8 drop _____

9 nearly _____

10 expect _____

11 below _____

12 predict _____

13 around _____

14 fall down _____

15 transition _____

16 lead to _____

17 aging _____

18 reach _____

19 demographic _____

20 shift _____

21 raise concern _____

22 taxation _____

23 elderly _____

24 caregiving _____

25 retirement _____

26 soft landing _____

27 landscape _____

28 management _____

29 transition _____

중요 표현 ANSWER

1 falling — 떨어지는, 하락하는, 하락, 강하, 추락

2 fertility rate — 출산율, 출생률

3 project — 예상하다, 추정하다, 계획하다, 계획, 과제

4 result in — ~을 야기하다, 그 결과 ~가 되다

5 shrink — 줄어들다, 오그라지다

6 population — 인구, 주민

7 the end of a century — 세기말

8 drop — 떨어지다, 쓰러지다, 방울, 소량

9 nearly — 거의, 대략

10 expect — 예상하다, 기대하다

11 below — 아래에, 밑에

12 predict — 예측하다, 예견하다

13 around — 약, 쯤, 주위에, 사방에

14 fall down — 떨어지다, 무너지다

15 transition — 전환, 이행

16 lead to — ~로 이어지다

17 aging — 고령화, 노령화, 노화

18 reach — ~에 이르다, 도달하다, 거리, 범위

19 demographic — 인구 통계학적인, 인구학의, 인구의

20 shift — 변화, 옮기다, 이동하다

21 raise concern — 우려를 제기하다

22 taxation — 세금, 조세

23 elderly — 노인, 어르신들, 연세가 드신

24 caregiving — 돌봄, 부양

25 retirement — 은퇴, 퇴직

26 soft landing — 부드러운 착륙, 연착륙(경기 성장세가 꺾이지만 급격한 둔화까지 이어지지 않는 것)

27 landscape — 지형, 풍경, 분야, 영역

28 management — 관리, 경영, 운영, 관리

29 transition — 전환, 전이, 이행

Chapter 02 신(New) 독기 **신경향 지문 구문독해 ⑪**

STEP 01 • 지문 훑어보기

Many listeners blame a speaker for their inattention by thinking to themselves: "Who could listen to such a character? Will he ever stop reading from his notes?" The good listener reacts differently. He may well look at the speaker and think, "This man is incompetent. Seems like almost anyone would be able to talk better than that." But from this initial similarity he moves on to a different conclusion, thinking "But wait a minute. I'm not interested in his personality or delivery. I want to find out what he knows. Does this man know some things that I need to know?" Essentially, we "listen with our own experience." Is the speaker to be held responsible because we are poorly equipped to comprehend his message? We cannot understand everything we hear, but one sure way to raise the level of our understanding is to assume the responsibility which is inherently ours.

STEP 02 • 구문독해 도전하기

01
난이도
Many listeners blame a speaker for their inattention by thinking to themselves: "Who could listen to such a character? Will he ever stop reading from his notes?"

_____

_____

_____

02
난이도
The good listener reacts differently.

_____

_____

03 He may well look at the speaker and think, "This man is incompetent. Seems like almost anyone would be able to talk better than that."

04 But from this initial similarity he moves on to a different conclusion, thinking "But wait a minute. I'm not interested in his personality or delivery. I want to find out what he knows. Does this man know some things that I need to know?"

05 Essentially, we "listen with our own experience."

06 Is the speaker to be held responsible because we are poorly equipped to comprehend his message?

07 We cannot understand everything we hear, but one sure way to raise the level of our understanding is to assume the responsibility which is inherently ours.

STEP 03 · 구문독해 학습하기

01 **구조분석** Many listeners blame a speaker for their inattention // by thinking to themselves: // "Who could listen to such a character? // Will he ever stop reading from his notes?"

구문독해 많은 청자들은 화자를 그들의 부주의에 대해 비난한다 // 혼자 생각함으로써 // "누가 그런 등장인물의 말을 들을 수 있을까? // 그가 언제 그의 메모를 읽는 것을 멈출까?"라고

□ **blame** 비난하다, ~을 탓하다, 비난, 책임
□ **inattention** 부주의, 태만, 무관심
□ **to oneself** 혼자
□ **note** 메모, 음표, 기록, 주목하다, 언급하다

02 **구조분석** The good listener reacts differently.

구문독해 좋은 청자는 다르게 반응한다.

□ **react** 반응하다, 반응을 보이다
□ **differently** 다르게, 달리

03 **구조분석** He may well look at the speaker and think, // "This man is incompetent. // Seems like almost anyone would be able to talk better than that."

구문독해 그는 아마 화자를 볼 것이고 생각할 것이다 // "이 남자는 무능하다. // 거의 누구나 그것보다 더 잘 말할 수 있을 것 같다"고.

□ **may well** 아마 ~일 것이다, 무리가 아니다, 당연하다
□ **incompetent** 무능한, 쓸모없는
□ **able** 할 수 있는, 유능한

04 구조분석 But // from this initial similarity // he moves on to a different conclusion, // thinking // "But wait a minute. // I'm not interested // in his personality or delivery. // I want to find out // what he knows. // Does this man know some things // that I need to know?"

구문독해 그러나 // 이러한 초기의 유사성으로부터 // 그는 다른 결론으로 넘어가면서, // 생각한다 // "하지만 잠시만. // 나는 관심이 없어 // 그의 성격이나 전달력에 // 나는 알고 싶어. // 그가 무엇을 알고 있는지 // 이 남자는 알고 있는지 // 내가 알아야 할 것들을?"

☐ **initial** 초기의, 처음의
☐ **similarity** 유사성, 닮음
☐ **move on** ~로 넘어가다, 이동하다
☐ **conclusion** 결론, 판단, 결말
☐ **personality** 성격, 인격, 개성
☐ **delivery** 전달, 발표, 배달, 출산
☐ **find out** ~을 알아내다, 알게 되다

05 구조분석 Essentially, // we "listen with our own experience."

구문독해 근본적으로, // 우리는 "우리 자신의 경험으로 듣는다."

☐ **essentially** 근본적으로, 기본적으로, 본질적으로

06 구조분석 Is the speaker to be held responsible // because we are poorly equipped // to comprehend his message?

구문독해 화자가 책임이 있을까 // 우리가 잘못 갖춰져 있기 때문에 // 그의 메시지를 이해할 수 있는 능력이?

☐ **speaker** 화자, 발표자, 연설가
☐ **responsible** ~에 대해 책임이 있는, ~의 원인이 되는
☐ **equip** 갖추다, 차려입게 하다
☐ **comprehend** 이해하다, 파악하다, 포함하다, 의미하다

07 **구조분석** We cannot understand everything we hear, // but // one sure way to raise the level of our understanding // is to assume the responsibility // which is inherently ours.

구문독해 우리는 우리가 듣는 모든 것을 이해할 수는 없다 // 하지만 // 우리의 이해 수준을 높일 수 있는 한 가지 확실한 방법은 // 책임을 지는 것이다 // 본질적으로 우리의 것인.

☐ **raise** 높이다, 올리다, 일으키다, 제기하다
☐ **assume** (책임을) 지다, (권력을) 쥐다, (역할을) 맡다, 추정하다, 띠다, ~인 척하다, 가장하다
☐ **inherently** 본질적으로, 선천적으로

STEP 04 · 전체지문 해석 확인하기

1 많은 청자들은 "누가 그런 등장인물의 말을 들을 수 있을까? 그가 그의 메모들로부터 읽는 것을 언제 멈출 수 있을까?"라고 혼자 생각함으로써 그들의 부주의에 대해 화자를 비난한다. **2** 좋은 청자는 다르게 반응한다. **3** 그는 화자를 보고 "이 남자는 무능하다. 거의 누구나 그것보다 더 잘 말할 수 있을 것 같다"고 생각할 것이다. **4** 그러나 이러한 초기의 유사성으로부터 그는 다른 결론으로 넘어가면서 생각한다. "하지만 잠시만. 나는 그의 성격이나 전달력에 관심이 없어. 나는 그가 무엇을 알고 있는지 알고 싶어. 이 남자는 내가 알아야 할 것들을 알고 있나?" **5** 근본적으로, 우리는 "우리 자신의 경험으로 듣는다." **6** 우리가 그의 메시지를 이해할 수 있는 능력이 잘못 갖춰져 있기 때문에 화자에게 책임이 있는가? **7** 우리가 듣는 모든 것을 이해할 수는 없지만, 우리의 이해 수준을 높일 수 있는 한 가지 확실한 방법은 본질적으로 우리의 것인 책임을 지는 것이다.

STEP 05 · 중요 표현 복습하기

중요 표현 TEST

① blame _____

② inattention _____

③ to oneself _____

④ note _____

⑤ react _____

⑥ differently _____

⑦ may well _____

⑧ incompetent _____

⑨ able _____

⑩ initial _____

⑪ similarity _____

⑫ move on _____

⑬ conclusion _____

⑭ personality _____

⑮ delivery _____

⑯ find out _____

⑰ essentially _____

⑱ speaker _____

⑲ responsible _____

⑳ equip _____

㉑ comprehend _____

㉒ raise _____

㉓ assume _____

㉔ inherently _____

중요 표현 ANSWER

1 blame — 비난하다, ~을 탓하다, 비난, 책임

2 inattention — 부주의, 태만, 무관심

3 to oneself — 혼자

4 note — 메모, 음표, 기록, 주목하다, 언급하다

5 react — 반응하다, 반응을 보이다

6 differently — 다르게, 달리

7 may well — 아마 ~일 것이다, 무리가 아니다, 당연하다

8 incompetent — 무능한, 쓸모없는

9 able — 할 수 있는, 유능한

10 initial — 초기의, 처음의

11 similarity — 유사성, 닮음

12 move on — ~로 넘어가다, 이동하다

13 conclusion — 결론, 판단, 결말

14 personality — 성격, 인격, 개성

15 delivery — 전달, 발표, 배달, 출산

16 find out — ~을 알아내다, 알게 되다

17 essentially — 근본적으로, 기본적으로, 본질적으로

18 speaker — 화자, 발표자, 연설가

19 responsible — ~에 대해 책임이 있는, ~의 원인이 되는

20 equip — 갖추다, 차려입게 하다

21 comprehend — 이해하다, 파악하다, 포함하다, 의미하다

22 raise — 높이다, 올리다, 일으키다, 제기하다

23 assume — (책임을) 지다, (권력을) 쥐다, (역할을) 맡다, 추정하다, 띠다, ~인 척하다, 가장하다

24 inherently — 본질적으로, 선천적으로

Chapter

03

최신 기출 지문 구문독해

2024 국가직 9급 기출문제

Chapter 03 신(New) 독기 **최신 기출 지문 구문독해 ❶**

STEP 01 지문 훑어보기

https://www.newe.org/saturday-admission-ticket/

HOME　　ABOUT US　　CONTACT US　　SEARCH

NORTHEASTERN WILDLIFE EXPOSITION (NEWE)
—

Admission ticket for Saturday, March 30th, 2024
- **Price** : $40.00
- **Opening hours** : 10 : 00 a.m. − 6 : 00 p.m.

Kids 10 and under are free. Entry to shows and lectures are first-come, first-served. All venues open rain or shine.

March 20th is the last day to buy tickets online for the 2024 Northeastern Wildlife Exposition.

Please note : Purchasing NEWE tickets in advance is the best way to guarantee entry into all exhibits. NEWE organizers may discontinue in-person ticket sales should any venue reach capacity.

STEP 02 구문독해 도전하기

01 NORTHEASTERN WILDLIFE EXPOSITION (NEWE)

난이도
_____
_____

02 Admission ticket for Saturday, March 30th, 2024

난이도
_____
_____

03
난이도

• **Price** : $40.00

_____

04
난이도

• **Opening hours** : 10:00 a.m. - 6:00 p.m.

_____

05
난이도

Kids 10 and under are free.

_____

06
난이도

Entry to shows and lectures are first-come, first-served.

_____

_____

07
난이도

All venues open rain or shine.

_____

08
난이도

March 20th is the last day to buy tickets online for the 2024 Northeastern Wildlife Exposition.

_____

_____

09
난이도

Please note: Purchasing NEWE tickets in advance is the best way to guarantee entry into all exhibits.

_____

_____

10
난이도

NEWE organizers may discontinue in-person ticket sales should any venue reach capacity.

_____

_____

STEP 03 · 구문독해 학습하기

01 구조분석 **NORTHEASTERN WILDLIFE EXPOSITION (NEWE)**

구문독해 북동부 야생 동물 박람회 (NEWE)

□ **wildlife** 야생 동물
□ **exposition** 박람회, 전시회, 설명, 해설

02 구조분석 **Admission ticket // for Saturday, March 30th, 2024**

구문독해 입장권 // 토요일, 3월 30일, 2024년

□ **admission** 입장, 가입, 입학, 입회, 시인, 인정

03 구조분석 • **Price** : $40.00

구문독해 • 가격 : 40달러

04 구조분석 • **Opening hours** : 10:00 a.m. − 6:00 p.m.

구문독해 • 개장 시간 : 오전 10:00 − 오후 6:00

05 구조분석 Kids 10 and under are free.

구문독해 10세 이하의 아이들은 무료입니다.

□ **free** 무료의, 자유로운, ~이 없는, 석방하다, 풀어 주다

06 구조분석 Entry to shows and lectures // are first-come, first-served.

구문독해 공연과 강연의 입장은 // 선착순입니다.

☐ **entry** 입장, 들어감, 출입, 가입
☐ **lecture** 강연, 강의, 강의하다
☐ **first come, first served** 선착순

07 구조분석 All venues // open rain or shine.

구문독해 모든 장소는 // 날씨에 관계없이 열립니다.

☐ **venue** (콘서트·스포츠 경기·회담 등의) 장소
☐ **rain or shine** 날씨에 관계없이, 비가 오나 맑으나

08 구조분석 March 20th is the last day // to buy tickets online // for the 2024 Northeastern Wildlife Exposition.

구문독해 3월 20일은 마지막날입니다 // 온라인 입장권 구매 // 2024 북동부 야생 동물 박람회의.

☐ **the last day** 마지막날, 최종일

09 구조분석 Please note : // Purchasing NEWE tickets in advance // is the best way // to guarantee entry into all exhibits.

구문독해 참고 : // NEWE의 입장권을 미리 구매하는 것이 // 최고의 방법입니다 // 모든 전시회 입장을 보장하는.

☐ **Please note** 참고
☐ **purchasing** 구매 (행위)
☐ **in advance** 미리, 전부터
☐ **guarantee** 보장하다, 보증하다, 보장, 보증
☐ **exhibit** 전시, 전람, 진열, 전시하다, 나타내다

10 구조분석 NEWE organizers // may discontinue in-person ticket sales // should any venue reach capacity.

구문독해 NEWE의 주최자는 // 현장 입장권 판매를 중단할 수 있습니다 // 장소가 수용 범위에 도달한다면.

- ☐ **organizer** 주최자, 조직위, 창립 위원
- ☐ **discontinue** 중단하다
- ☐ **in-person** 현장의, 대면의, 직접
- ☐ **capacity** 수용력, 용량, 능력, 지위

STEP 04 · 전체지문 해석 확인하기

① 북동부 야생 동물 전시회(NEWE)

② **2024년 3월 30일 토요일 입장권**
③ ・가격 : 40달러
④ ・개장 시간 : 오전 10:00 − 오후 6:00

⑤ 10세 이하의 아이들은 무료입니다. ⑥ 공연과 강연의 입장은 선착순입니다. ⑦ 모든 장소는 날씨에 관계없이 열립니다.

⑧ 3월 20일은 2024 북동부 야생 동물 전시회의 온라인 입장권 구매 마지막날입니다.

⑨ 참고 : NEWE의 입장권을 미리 구매하는 것이 모든 전시회 입장을 보장하는 최고의 방법입니다. ⑩ NEWE의 주최자는 장소가 수용 범위에 도달한다면 현장 입장권 판매를 중단할 수 있습니다.

STEP 05 · 중요 표현 복습하기

중요 표현 TEST

1 wildlife _____

2 exposition _____

3 admission _____

4 free _____

5 entry _____

6 lecture _____

7 first come, first served

_____

8 venue _____

9 rain or shine _____

10 the last day _____

11 Please note _____

12 purchasing _____

13 in advance _____

14 guarantee _____

15 exhibit _____

16 organizer _____

17 discontinue _____

18 in-person _____

19 capacity _____

중요 표현 ANSWER

1 wildlife — 야생 동물

2 exposition — 박람회, 전시회, 설명, 해설

3 admission — 입장, 가입, 입학, 입회, 시인, 인정

4 free — 무료의, 자유로운, ~이 없는, 석방하다, 풀어 주다

5 entry — 입장, 들어감, 출입, 가입

6 lecture — 강연, 강의, 강의하다

7 first come, first served — 선착순

8 venue — (콘서트 · 스포츠 경기 · 회담 등의) 장소

9 rain or shine — 날씨에 관계없이, 비가 오나 맑으나

10 the last day — 마지막날, 최종일

11 Please note — 참고

12 purchasing — 구매 (행위)

13 in advance — 미리, 전부터

14 guarantee — 보장하다, 보증하다, 보장, 보증

15 exhibit — 전시, 전람, 진열, 전시하다, 나타내다

16 organizer — 주최자, 조직위, 창립 위원

17 discontinue — 중단하다

18 in-person — 현장의, 대면의, 직접

19 capacity — 수용력, 용량, 능력, 지위

Chapter **03** 신(New) 독기 **최신 기출 지문 구문독해 ❷**

STEP 01 · 지문 훑어보기

The tragedies of the Greek dramatist Sophocles have come to be regarded as the high point of classical Greek drama. Sadly, only seven of the 123 tragedies he wrote have survived, but of these perhaps the finest is *Oedipus the King*. The play was one of three written by Sophocles about Oedipus, the mythical king of Thebes (the others being *Antigone* and *Oedipus at Colonus*), known collectively as the Theban plays. Sophocles conceived each of these as a separate entity, and they were written and produced several years apart and out of chronological order. *Oedipus the King* follows the established formal structure and it is regarded as the best example of classical Athenian tragedy.

STEP 02 · 구문독해 도전하기

01
난이도
The tragedies of the Greek dramatist Sophocles have come to be regarded as the high point of classical Greek drama.

_____

_____

_____

02
난이도
Sadly, only seven of the 123 tragedies he wrote have survived, but of these perhaps the finest is Oedipus the King.

_____

_____

_____

03
난이도
The play was one of three written by Sophocles about Oedipus, the mythical king of Thebes (the others being *Antigone* and *Oedipus at Colonus*), known collectively as the Theban plays.

_____

_____

_____

04
난이도
Sophocles conceived each of these as a separate entity, and they were written and produced several years apart and out of chronological order.

_____

_____

_____

05
난이도
Oedipus the King follows the established formal structure and it is regarded as the best example of classical Athenian tragedy.

_____

_____

STEP 03 · 구문독해 학습하기

01
구조분석 The tragedies of the Greek dramatist Sophocles // have come to be regarded // as the high point of classical Greek drama.

구문독해 그리스 극작가 Sophocles의 비극은 // 간주되게 되었다 // 그리스 고전 드라마의 절정으로.

☐ **tragedy** 비극 (작품), 비극적인 사건
☐ **dramatist** 극작가, 드라마 작가
☐ **come to부정사** ~하게 되다
☐ **regard** 간주하다, 여기다
☐ **high point** 절정, 가장 재미있는[좋은] 부분
☐ **classical** 고전적인, 고대 그리스·로마의, 클래식의

02 **구조분석** Sadly, // only seven of the 123 tragedies he wrote have survived, // but // of these // perhaps the finest is *Oedipus the King*.

구문독해 안타깝게도, // 그가 쓴 123편의 비극 중 단지 7편만이 살아남았다 // 하지만 // 이것들 중에서도 // 아마도 가장 훌륭한 것은 <*Oedipus the King*>일 것이다.

☐ **sadly** 안타깝게도, 애석하게도, 불행히, 슬프게
☐ **perhaps** 아마도, 어쩌면
☐ **fine** 훌륭한, 좋은, (입자가) 고운, 미세한, 벌금

03 **구조분석** The play was one of three // written by Sophocles about Oedipus, the mythical king of Thebes // (the others being *Antigone* and *Oedipus at Colonus*), // known collectively as the Theban plays.

구문독해 이 희곡은 세 편 중 하나였다 // 테베의 신화 속에 나오는 왕인 Oedipus에 대해 Sophocles에 의해 쓰여진 // (다른 것들은 <*Antigone*>와 <*Oedipus at Colonus*>이다) // 집합적으로 테베의 희곡으로 알려진.

☐ **play** 희곡, 연극, 놀이, 놀다, 놀이를 하다
☐ **mythical** 신화 속에 나오는, 가공의, 사실이 아닌
☐ **collectively** 집합적으로, 총체적으로

04 **구조분석** Sophocles conceived // each of these as a separate entity, // and they were written and produced // several years apart and out of chronological order.

구문독해 Sophocles는 착상했다 // 이들 각각을 별개의 독립체로, // 그리고 그것들은 쓰여지고 제작되었다 // 몇 년 간격으로 연대순을 벗어나.

☐ **conceive** 착상하다, 생각하다, 상상하다, 임신하다
☐ **entity** 독립체, 실체, 존재
☐ **chronological** 연대순의, 발생[시간] 순서대로 된

05 **구조분석** *Oedipus the King* follows // the established formal structure // and it is regarded // as the best example of classical Athenian tragedy.

구문독해 <*Oedipus the King*>은 따르고 있다 // 확립된 형식적 구조를 // 그리고 그것은 여겨진다 // 고전 아테네 비극의 가장 좋은 예로.

- ☐ **established** 확립된, 확정된, 저명한, 존경받는
- ☐ **formal** 형식적인, 공식적인, 정규적인
- ☐ **structure** 구조(물), 건축물, 조직하다, 구조화하다
- ☐ **example** 예, 사례, 보기, 본보기, 전형

STEP 04 · 전체지문 해석 확인하기

1 그리스 극작가 Sophocles의 비극은 그리스 고전극의 절정으로 간주되게 되었다. 2 안타깝게도, 그가 쓴 123편의 비극 중 단지 7편만이 살아남았지만, 이것들 중에서도 아마도 가장 훌륭한 것은 <*Oedipus the King*>일 것이다. 3 이 희곡은 테베의 신화 속에 나오는 왕인 Oedipus에 대해 Sophocles가 쓴 세 편 중 하나였고(다른 것들은 <*Antigone*>와 <*Oedipus at Colonus*>이다), 집합적으로 테베의 희곡들로 알려져 있다. 4 Sophocles는 이들 각각을 별개의 독립체로 착상했고, 그것들은 몇 년 간격으로 연대순을 벗어나 쓰여지고 제작되었다. 5 <*Oedipus the King*>는 확립된 형식적 구조를 따르고 있고, 그것은 고전 아테네 비극의 가장 좋은 예로 여겨진다.

STEP 05 ▸ **중요 표현** 복습하기

중요 표현 TEST

1 tragedy _____

2 dramatist _____

3 come to부정사 _____

4 regard _____

5 high point _____

6 classical _____

7 sadly _____

8 perhaps _____

9 fine _____

10 play _____

11 mythical _____

12 collectively _____

13 conceive _____

14 entity _____

15 chronological _____

16 established _____

17 formal _____

18 structure _____

19 example _____

중요 표현 ANSWER

❶ tragedy   비극 (작품), 비극적인 사건

❷ dramatist   극작가, 드라마 작가

❸ come to부정사   ~하게 되다

❹ regard   간주되다, 여기다

❺ high point   절정, 가장 재미있는[좋은] 부분

❻ classical   고전적인, 고대 그리스·로마의, 클래식의

❼ sadly   안타깝게도, 애석하게도, 불행히, 슬프게

❽ perhaps   아마도, 어쩌면

❾ fine   훌륭한, 좋은, (입자가) 고운, 미세한, 벌금

❿ play   희곡, 연극, 놀이, 놀다, 놀이를 하다

⓫ mythical   신화 속에 나오는, 가공의, 사실이 아닌

⓬ collectively   집합적으로, 총체적으로

⓭ conceive   착상하다, 생각하다, 상상하다, 임신하다

⓮ entity   독립체, 실체, 존재

⓯ chronological   연대순의, 발생[시간] 순서대로 된

⓰ established   확립된, 확정된, 저명한, 존경받는

⓱ formal   형식적인, 공식적인, 정규적인

⓲ structure   구조(물), 건축물, 조직하다, 구조화하다

⓳ example   예, 사례, 보기, 본보기, 전형

Chapter **03** 신(New) 독기 **최신 기출 지문 구문독해 ❸**

Chapter
03

STEP 01 ▶ 지문 훑어보기

It seems incredible that one man could be responsible for opening our eyes to an entire culture, but until British archaeologist Arthur Evans successfully excavated the ruins of the palace of Knossos on the island of Crete, the great Minoan culture of the Mediterranean was more legend than fact. Indeed its most famed resident was a creature of mythology: the half-man, half-bull Minotaur, said to have lived under the palace of mythical King Minos. But as Evans proved, this realm was no myth. In a series of excavations in the early years of the 20th century, Evans found a trove of artifacts from the Minoan age, which reached its height from 1900 to 1450 B.C.: jewelry, carvings, pottery, altars shaped like bull's horns, and wall paintings showing Minoan life.

STEP 02 ▶ 구문독해 도전하기

01

난이도

It seems incredible that one man could be responsible for opening our eyes to an entire culture, but until British archaeologist Arthur Evans successfully excavated the ruins of the palace of Knossos on the island of Crete, the great Minoan culture of the Mediterranean was more legend than fact.

02

난이도

Indeed its most famed resident was a creature of mythology: the half-man, half-bull Minotaur, said to have lived under the palace of mythical King Minos.

03

난이도

But as Evans proved, this realm was no myth.

_____

_____

04

난이도

In a series of excavations in the early years of the 20th century, Evans found a trove of artifacts from the Minoan age, which reached its height from 1900 to 1450 B.C.: jewelry, carvings, pottery, altars shaped like bull's horns, and wall paintings showing Minoan life.

_____

_____

_____

_____

STEP 03 ▸ 구문독해 학습하기

01　**구조분석** It seems incredible // that one man could be responsible // for opening our eyes to an entire culture, // but // until British archaeologist Arthur Evans successfully excavated // the ruins of the palace of Knossos on the island of Crete, // the great Minoan culture of the Mediterranean // was more legend than fact.

구문독해 믿기 힘든 것 같다 // 한 사람이 책임을 질 수 있다는 것은 // 하나의 전체 문화에 우리의 눈을 뜨게 하는 데, // 하지만 // 영국의 고고학자 Arthur Evans가 성공적으로 발굴하기 전까지 // 크레타섬에 있는 크노소스 궁전의 유적을 // 지중해의 위대한 미노스 문화는 // 사실보다 전설에 가까웠다.

- □ **seem** ~인 것 같다, ~처럼 보인다
- □ **incredible** 믿기 힘든, 믿을 수 없는
- □ **entire** 전체의, 온
- □ **British** 영국의, 영국 사람들
- □ **archaeologist** 고고학자
- □ **excavate** 발굴하다, 출토하다, (구멍 등을) 파다
- □ **ruin** 유적, 폐허, 파산시키다, 폐허로 만들다
- □ **palace** 궁전, 왕실, 대저택
- □ **Mediterranean** 지중해

02 구조분석 Indeed // its most famed resident // was a creature of mythology: // the half-man, half-bull Minotaur, // said to have lived // under the palace of mythical King Minos.

구문독해 실제로 // 그곳의 가장 유명한 거주자는 // 신화의 한 생명체였는데, // 반인반우 미노타우로스였고 // 살았다고 전해진다 // 신화 속에 나오는 미노스 왕의 궁전 아래에서.

- ☐ **indeed** 실제로, 정말로
- ☐ **famed** 가장 유명한, 저명한
- ☐ **resident** 거주자, 주민, 거주하는, 상주하는
- ☐ **Minotaur** 미노타우로스(그리스 로마 신화에 나오는 반인반우의 괴물)
- ☐ **mythology** 신화, 근거 없는 믿음
- ☐ **mythical** 신화 속에 나오는, 가공의, 사실이 아닌

03 구조분석 But // as Evans proved, // this realm was no myth.

구문독해 그러나 // Evans가 증명했듯이 // 이 왕국은 신화가 아니었다.

- ☐ **prove** 증명하다, 입증하다, 드러나다, 판명되다
- ☐ **realm** 왕국, 영역, 범위

04 구조분석 In a series of excavations // in the early years of the 20th century, // Evans found a trove of artifacts // from the Minoan age, // which reached its height from 1900 to 1450 B.C.: // jewelry, carvings, pottery, altars shaped like bull's horns, // and wall paintings showing Minoan life.

구문독해 일련의 발굴에서 // 20세기 초의 // Evans는 귀중한 인공물을 발견했다 // 미노스 시대의 // 기원전 1900년부터 1450년까지 최고로 번창했던: // 보석류, 조각품, 도자기, 황소의 뿔 모양을 한 제단, // 그리고 미노스 문명의 삶을 보여주는 벽화.

- ☐ **a series of** 일련의
- ☐ **excavation** 발굴, 발굴물, 발굴지
- ☐ **trove** 귀중한 발견물, 발견된 물건
- ☐ **artifact** 인공물, 공예품
- ☐ **reach its height** 최고로 번창하다, 절정에 도달하다
- ☐ **jewelry** 보석류, 장신구
- ☐ **carving** 조각품, 새긴 무늬
- ☐ **pottery** 도자기, 도예
- ☐ **altar** 제단
- ☐ **wall painting** 벽화
- ☐ **Minoan** 미노스[크레타] 문명의, 미노아 사람

STEP 04 전체지문 해석 확인하기

1 한 사람이 하나의 전체 문화에 우리의 눈을 뜨게 하는 데 책임을 질 수 있다는 것은 믿기 힘든 것 같지만, 영국의 고고학자 Arthur Evans가 크레타섬에 있는 크노소스 궁전의 유적을 성공적으로 발굴하기 전까지 지중해의 위대한 미노스 문화는 사실보다 더 전설에 가까웠다. 2 실제로 그곳의 가장 유명한 거주자는 신화의 한 생명체였는데, 반인반우 미노타우로스였고, 신화 속에 나오는 미노스 왕의 궁전 아래에서 살았다고 전해진다. 3 그러나 Evans가 증명했듯이 이 왕국은 신화가 아니었다. 4 20세기 초의 일련의 발굴에서 Evans는 보석류, 조각품, 도자기, 황소의 뿔 모양을 한 제단, 그리고 미노아의 삶을 보여주는 벽화 등 기원전 1900년부터 1450년까지 절정에 달했던 미노스 시대의 귀중한 인공물을 발견했다.

STEP 05 중요 표현 복습하기

중요 표현 TEST

1 seem _____

2 incredible _____

3 entire _____

4 British _____

5 archaeologist _____

6 excavate _____

7 ruin _____

8 palace _____

9 Mediterranean _____

10 indeed _____

11 famed _____

12 resident _____

13 Minotaur _____

14 mythology _____

15 mythical _____

16 prove _____

17 realm _____

18 a series of _____

19 excavation _____

20 trove _____

21 artifact _____

22 reach its height _____

23 jewelry _____

24 carving _____

25 pottery _____

26 altar _____

27 wall painting _____

28 Minoan _____

중요 표현 ANSWER

❶ seem ~인 것 같다, ~처럼 보이다

❷ incredible 믿기 힘든, 믿을 수 없는

❸ entire 전체의, 온

❹ British 영국의, 영국 사람들

❺ archaeologist 고고학자

❻ excavate 발굴하다, 출토하다, (구멍 등을) 파다

❼ ruin 유적, 폐허, 파산시키다, 폐허로 만들다

❽ palace 궁전, 왕실, 대저택

❾ Mediterranean 지중해

❿ indeed 실제로, 정말로

⓫ famed 가장 유명한, 저명한

⓬ resident 거주자, 주민, 거주하는, 상주하는

⓭ Minotaur 미노타우르스(그리스 로마 신화에 나오는 반인반우의 괴물)

⓮ mythology 신화, 근거 없는 믿음

⓯ mythical 신화 속에 나오는, 가공의, 사실이 아닌

⓰ prove 증명하다, 입증하다, 드러나다, 판명되다

⓱ realm 왕국, 영역, 범위

⓲ a series of 일련의

⓳ excavation 발굴, 발굴물, 발굴지

⓴ trove 귀중한 발견물, 발견된 물건

㉑ artifact 인공물, 공예품

㉒ reach its height 최고로 번창하다, 절정에 도달하다

㉓ jewelry 보석류, 장신구

㉔ carving 조각품, 새긴 무늬

㉕ pottery 도자기, 도예

㉖ altar 제단

㉗ wall painting 벽화

㉘ Minoan 미노스[크레타] 문명의, 미노아 사람

Chapter 03 신(New) 독기
최신 기출 지문 구문독해 ❹

STEP 01 ▸ 지문 훑어보기

Currency debasement of a good money by a bad money version occurred via coins of a high percentage of precious metal, reissued at lower percentages of gold or silver diluted with a lower value metal. This adulteration drove out the good coin for the bad coin. No one spent the good coin, they kept it, hence the good coin was driven out of circulation and into a hoard. Meanwhile the issuer, normally a king who had lost his treasure on interminable warfare and other such dissolute living, was behind the move. They collected all the good old coins they could, melted them down and reissued them at lower purity and pocketed the balance. It was often illegal to keep the old stuff back but people did, while the king replenished his treasury, at least for a time.

STEP 02 ▸ 구문독해 도전하기

01

난이도

Currency debasement of a good money by a bad money version occurred via coins of a high percentage of precious metal, reissued at lower percentages of gold or silver diluted with a lower value metal.

_____

_____

_____

_____

02

난이도

This adulteration drove out the good coin for the bad coin.

_____

_____

03
난이도

No one spent the good coin, they kept it, hence the good coin was driven out of circulation and into a hoard.

04
난이도

Meanwhile the issuer, normally a king who had lost his treasure on interminable warfare and other such dissolute living, was behind the move.

05
난이도

They collected all the good old coins they could, melted them down and reissued them at lower purity and pocketed the balance.

06
난이도

It was often illegal to keep the old stuff back but people did, while the king replenished his treasury, at least for a time.

STEP 03 · 구문독해 학습하기

01 **구조분석** Currency debasement of a good money // by a bad money version // occurred // via coins of a high percentage of precious metal, // reissued at lower percentages of gold or silver // diluted with a lower value metal.

구문독해 좋은 화폐의 통화 가치 저하는 // 나쁜 화폐 형태에 의한 // 발생했다 // 귀금속의 비율이 높은 동전을 통해 // 더 낮은 비율의 금이나 은을 재발행된 // 더 낮은 가치의 금속으로 희석된.

- ☐ **currency** 화폐, 통화, 유통, 통용
- ☐ **debasement** 가치 저하, 악화, 타락
- ☐ **via** 통하여, 거쳐, 경유하여
- ☐ **precious metal** 귀금속
- ☐ **reissue** 재발행[재발매, 재발간]하다
- ☐ **dilute** 희석하다, 묽게 하다, 희석된

02 **구조분석** This adulteration drove out // the good coin for the bad coin.

구문독해 이러한 품질의 조악화는 몰아냈다 // 나쁜 동전으로 좋은 동전을.

- ☐ **adulteration** (섞음질에 의한) 품질의 조악화, 불순품, 저질품
- ☐ **drive out** 몰아내다, 퇴출하다, 쫓아내다, 사라지게 하다

03 **구조분석** No one spent the good coin, // they kept it, // hence the good coin // was driven out of circulation and into a hoard.

구문독해 아무도 좋은 동전을 쓰지 않았다, // 그들이 보유하고 있던, // 이런 이유로 좋은 동전이 // 유통에서 사라지게 되었고 비축되었다.

- ☐ **hence** 이런 이유로, 인하여
- ☐ **circulation** 유통, 순환, 사회생활[활동]
- ☐ **drive A out of B** A에서 B를 사라지게 하다, 몰아내다
- ☐ **hoard** 비축, 사재기, 저장, 축적, 저장하다, 축적하다

04 **구조분석** Meanwhile // the issuer, normally a king // who had lost his treasure // on interminable warfare and other such dissolute living, // was behind the move.

구문독해 한편 // 보통 왕인 발행인이 // 그의 보물을 잃었던 // 끊임없이 계속되는 전쟁과 그 밖의 방탕한 생활로, // 이러한 조치의 배후에 있었다.

- ☐ **meanwhile** 한편, 그 동안에
- ☐ **issuer** 발행인
- ☐ **normally** 보통, 정상적으로
- ☐ **treasure** 보물, 대단히 귀중한 것, 소중히 여기다
- ☐ **interminable** 끝없이 계속되는
- ☐ **warfare** 전쟁, 전투, 싸움
- ☐ **dissolute** 방탕한, 타락한
- ☐ **move** 조치, 행동, 이동, 움직이다, 옮기다

05 **구조분석** They collected // all the good old coins they could, // melted them down // and reissued them at lower purity // and pocketed the balance.

구문독해 그들은 모았다 // 그들이 할 수 있는 모든 좋은 오래된 동전을, // 그것들을 녹였다 // 그리고 더 낮은 순도로 재발행했다 // 그리고 차액을 벌었다.

- ☐ **melt down** 녹이다
- ☐ **purity** 순도, 순수성, 깨끗함
- ☐ **pocket** 벌다, 호주머니에 넣다, 주머니
- ☐ **balance** 차액, 잔고, 잔액, 나머지, 균형

06 **구조분석** It was often illegal // to keep the old stuff back // but // people did, // while the king replenished his treasury, // at least for a time.

구문독해 그것은 종종 불법이었다 // 옛 물건을 계속 가지고 있는 것은 // 그러나 // 사람들은 그렇게 했다, // 왕이 국고를 보충하는 동안, // 적어도 잠시.

- ☐ **illegal** 불법적인
- ☐ **keep back** 계속 가지다, 억누르다
- ☐ **stuff** 물건, 것, 물질, 채워 넣다
- ☐ **replenish** 보충하다, 다시 채우다
- ☐ **treasury** 국고, 금고, 재무부
- ☐ **at least** 적어도

STEP 04 · 전체지문 해석 확인하기

1 나쁜 화폐 형태에 의한 좋은 화폐의 통화 가치 저하는 더 낮은 가치의 금속으로 희석된 더 낮은 비율의 금이나 은으로 재발행된 귀금속의 비율이 높은 동전을 통해 발생했다. **2** 이러한 품질의 조악화는 나쁜 동전으로 좋은 동전을 몰아냈다. **3** 아무도 그들이 보유하고 있던 좋은 동전을 쓰지 않았고 이런 이유로 좋은 동전이 유통에서 사라지게 되었고 비축되었다. **4** 한편, 보통 끊이지 않는 전쟁과 그 밖의 방탕한 생활로 보물을 잃은 왕이었던 발행인이 이러한 조치의 배후였다. **5** 그들은 할 수 있는 모든 좋은 옛 동전을 모아 녹여서 낮은 순도로 재발행하고, 차액을 착복했다. **6** 옛 물건을 다시 보관하는 것은 종종 불법이었지만, 왕이 국고를 보충하는 동안, 적어도 한동안은 사람들은 그렇게 했다.

STEP 05 · 중요 표현 복습하기

중요 표현 TEST

1 currency _____

2 debasement _____

3 via _____

4 precious metal _____

5 reissue _____

6 dilute _____

7 adulteration _____

8 drive out _____

9 hence _____

10 circulation _____

11 drive A out of B

_____

12 hoard _____

13 meanwhile _____

14 issuer _____

15 normally _____

16 treasure _____

17 interminable _____

18 warfare _____

19 dissolute _____

20 move _____

21 melt down _____

22 purity _____

23 pocket _____

24 balance _____

25 illegal _____

26 keep back _____

27 stuff _____

28 replenish _____

29 treasury _____

30 at least _____

중요 표현 ANSWER

1 currency — 화폐, 통화, 유통, 통용

2 debasement — 가치 저하, 악화, 타락

3 via — 통하여, 거쳐, 경유하여

4 precious metal — 귀금속

5 reissue — 재발행[재발매, 재발간]하다

6 dilute — 희석하다, 묽게 하다, 희석된

7 adulteration — (섞음질에 의한) 품질의 조악화, 불순품, 저질품

8 drive out — 몰아내다, 퇴출하다, 쫓아내다, 사라지게 하다

9 hence — 이런 이유로, 인하여

10 circulation — 유통, 순환, 사회생활[활동]

11 drive A out of B — A에서 B를 사라지게 하다, 몰아내다

12 hoard — 비축, 사재기, 저장, 축적, 저장하다, 축적하다

13 meanwhile — 한편, 그 동안에

14 issuer — 발행인

15 normally — 보통, 정상적으로

16 treasure — 보물, 대단히 귀중한 것, 소중히 여기다

17 interminable — 끝없이 계속되는

18 warfare — 전쟁, 전투, 싸움

19 dissolute — 방탕한, 타락한

20 move — 조치, 행동, 이동, 움직이다, 옮기다

21 melt down — 녹이다

22 purity — 순도, 순수성, 깨끗함

23 pocket — 벌다, 호주머니에 넣다, 주머니

24 balance — 차액, 차고, 잔액, 나머지, 균형

25 illegal — 불법적인

26 keep back — 계속 가지다, 억누르다

27 stuff — 물건, 것, 물질, 채워 넣다

28 replenish — 보충하다, 다시 채우다

29 treasury — 국고, 금고, 재무부

30 at least — 적어도

Chapter **03** 신(New) 독기 **최신 기출 지문 구문독해 ⑤**

STEP 01 · 지문 훑어보기

In spite of all evidence to the contrary, there are people who seriously believe that NASA's Apollo space program never really landed men on the moon. These people claim that the moon landings were nothing more than a huge conspiracy, perpetuated by a government desperately in competition with the Russians and fearful of losing face. These conspiracy theorists claim that the United States knew it couldn't compete with the Russians in the space race and was therefore forced to fake a series of successful moon landings. Advocates of a conspiracy cite several pieces of what they consider evidence. Crucial to their case is the claim that astronauts never could have safely passed through the Van Allen belt, a region of radiation trapped in Earth's magnetic field. If the astronauts had truly gone through the belt, say conspiracy theorists, they would have died.

STEP 02 · 구문독해 도전하기

01
난이도

In spite of all evidence to the contrary, there are people who seriously believe that NASA's Apollo space program never really landed men on the moon.

_____

_____

_____

02
난이도

These people claim that the moon landings were nothing more than a huge conspiracy, perpetuated by a government desperately in competition with the Russians and fearful of losing face.

_____

_____

_____

_____

03 These conspiracy theorists claim that the United States knew it couldn't compete with the Russians in the space race and was therefore forced to fake a series of successful moon landings.

난이도

_____

_____

_____

_____

04 Advocates of a conspiracy cite several pieces of what they consider evidence.

난이도

_____

_____

05 Crucial to their case is the claim that astronauts never could have safely passed through the Van Allen belt, a region of radiation trapped in Earth's magnetic field.

난이도

_____

_____

_____

06 If the astronauts had truly gone through the belt, say conspiracy theorists, they would have died.

난이도

_____

_____

_____

STEP 03 구문독해 학습하기

01 〔구조분석〕 In spite of all evidence to the contrary, // there are people who seriously believe // that NASA's Apollo space program // never really landed men on the moon.

〔구문독해〕 반대되는 모든 증거들에도 불구하고, // 진지하게 믿는 사람들이 있다 // NASA의 아폴로 우주 프로그램이 // 실제로 달에 사람을 착륙시킨 적이 없다고.

☐ **land** 착륙하다, 내려앉다, 육지, 땅

02 〔구조분석〕 These people claim // that the moon landings were nothing more than a huge conspiracy, // perpetuated by a government // desperately in competition with the Russians // and fearful of losing face.

〔구문독해〕 이 사람들은 주장한다 // 달 착륙이 거대한 음모에 불과하다고, // 정부에 의해 영구화된 // 러시아와 필사적으로 경쟁하며 // 체면을 잃을까봐 두려워하는.

☐ **claim** 주장하다, 요구하다, 주장, 요구
☐ **landing** 착륙, 상륙
☐ **nothing more than** ~에 불과한
☐ **conspiracy** 음모, 공모, 모의
☐ **perpetuate** 영구화하다, 영속시키다
☐ **desperately** 필사적으로, 극심하게
☐ **competition** 경쟁, 대회, 시합, 경쟁자
☐ **lose face** 체면을 잃다

03 〔구조분석〕 These conspiracy theorists claim // that the United States knew // it couldn't compete with the Russians in the space race // and was therefore forced to fake a series of successful moon landings.

〔구문독해〕 이 음모론자들은 주장한다 // 미국은 알았다고 // 그것이 우주 개발 경쟁에서 러시아와 경쟁할 수 없다는 것을 // 따라서 하는 수 없이 일련의 성공적인 달 착륙을 조작했다고.

☐ **conspiracy theorist** 음모론자
☐ **compete** 경쟁하다, 겨루다
☐ **space race** 우주 개발 경쟁, 우주 경쟁
☐ **be forced to부정사** 하는 수 없이 ~하다, ~하도록 강요받다
☐ **a series of** 일련의
☐ **fake** 조작[위조, 날조]하다, 모조품, 위조품, 가짜의, 위조의

04 **구조분석** Advocates of a conspiracy // cite several pieces // of what they consider evidence.

구문독해 음모론 옹호자들은 // 몇 가지를 인용한다 // 그들이 증거라고 간주하는 것 중에.

☐ **advocate** 옹호자, 지지자, 지지하다, 옹호하다
☐ **cite** 인용하다, (이유·예를) 들다[끌어 대다], (법정에) 소환하다
☐ **several** (몇)몇의, 각각[각자]의

05 **구조분석** Crucial to their case is the claim // that astronauts never could have safely passed through // the Van Allen belt, // a region of radiation trapped in Earth's magnetic field.

구문독해 그들의 논거에 결정적인 것은 주장이다 // 우주 비행사들이 결코 안전하게 통과할 수 없다, // 밴 앨런 벨트를 // 지구의 자기장에 갇힌 방사선 지역인.

☐ **crucial** 결정적인, 중대한, 중요한
☐ **case** 주장[논거], 사건 사례, 경우, 사실
☐ **astronaut** 우주 비행사
☐ **pass through** 통과하다, 거쳐가다
☐ **radiation** 방사선, 복사
☐ **magnetic field** 자기장

06 **구조분석** If the astronauts had truly gone through the belt, // say conspiracy theorists, // they would have died.

구문독해 만약 우주 비행사들이 진정으로 벨트를 통과했다면, // 음모론자들은 말한다, // 그들은 죽었을 것이라고.

☐ **truly** 진정으로, 진심으로, 정말로, 정확히
☐ **go through** 통과하다, 겪다, 살펴보다, 검토하다

STEP 04 · 전체지문 해석 확인하기

1 반대되는 모든 증거들에도 불구하고, NASA의 아폴로 우주 프로그램이 실제로 달에 사람을 착륙시킨 적이 없다고 진지하게 믿는 사람들이 있다. 2 이 사람들은 달 착륙이 러시아와 필사적으로 경쟁하며 체면을 잃을까봐 두려워하는 정부에 의해 영구화된 거대한 음모에 불과하다고 주장한다. 3 이 음모론자들은 미국이 우주 개발 경쟁에서 러시아와 경쟁할 수 없다는 것을 알았고 따라서 하는 수 없이 일련의 성공적인 달 착륙을 조작했다고 주장한다. 4 음모론 옹호자들은 그들이 증거라고 간주하는 것 중에 몇 가지를 인용한다. 5 그들의 논거에 결정적인 것은 우주 비행사들이 지구의 자기장에 갇힌 방사선의 지역인 밴 앨런 벨트를 결코 안전하게 통과할 수 없었을 것이라는 주장이다. 6 만약 우주 비행사들이 진정으로 벨트를 통과했다면, 그들은 죽었을 것이라고 음모론자들은 말한다.

STEP 05 · 중요 표현 복습하기

중요 표현 TEST

1 land _____

2 claim _____

3 landing _____

4 nothing more than _____

_____

5 conspiracy _____

6 perpetuate _____

7 desperately _____

8 competition _____

9 lose face _____

10 conspiracy theorist _____

_____

11 compete _____

12 space race _____

13 be forced to부정사

_____

14 a series of _____

15 fake _____

16 advocate _____

17 cite _____

18 several _____

19 crucial _____

20 case _____

21 astronaut _____

22 pass through _____

23 radiation _____

24 magnetic field _____

25 truly _____

26 go through _____

중요 표현 ANSWER

❶ land 착륙하다, 내려앉다, 육지, 땅

❷ claim 주장하다, 요구하다, 주장, 요구

❸ landing 착륙, 상륙

❹ nothing more than ~에 불과한

❺ conspiracy 음모, 공모, 모의

❻ perpetuate 영구화하다, 영속시키다

❼ desperately 필사적으로, 극심하게

❽ competition 경쟁, 대회, 시합, 경쟁자

❾ lose face 체면을 잃다

❿ conspiracy theorist 음모론자

⓫ compete 경쟁하다, 겨루다

⓬ space race 우주 개발 경쟁, 우주 경쟁

⓭ be forced to 하는 수 없이 ~하다, ~하도록 강요받다

⓮ a series of 일련의

⓯ fake 조작[위조, 날조]하다, 모조품, 위조품, 가짜의, 위조의

⓰ advocate 옹호자, 지지자, 지지하다, 옹호하다

⓱ cite 인용하다, (이유·예를) 들다[끌어 대다], (법정에) 소환하다

⓲ several (몇)몇의, 각각[각자]의

⓳ crucial 결정적인, 중대한, 중요한

⓴ case 주장[논거], 사건, 사례, 경우, 사실

㉑ astronaut 우주 비행사

㉒ pass through 통과하다, 거쳐가다

㉓ radiation 방사선, 복사

㉔ magnetic field 자기장

㉕ truly 진정으로, 진심으로, 정말로, 정확히

㉖ go through 통과하다, 겪다, 살펴보다, 검토하다

Chapter 03 신(New) 독기 **최신 기출 지문 구문독해 ❻**

STEP 01 ▸ 지문 훑어보기

From the village of Ozette on the westernmost point of Washington's Olympic Peninsula, members of the Makah tribe hunted whales. They smoked their catch on racks and in smokehouses and traded with neighboring groups from around the Puget Sound and nearby Vancouver Island. Ozette was one of five main villages inhabited by the Makah, an Indigenous people who have been based in the region for millennia. Tribal oral history and archaeological evidence suggest that sometime between 1500 and 1700 a mudslide destroyed part of the village, covering several longhouses and sealing in their contents. Thousands of artifacts that would not otherwise have survived, including baskets, clothing, sleeping mats, and whaling tools, were preserved under the mud. In 1970, a storm caused coastal erosion that revealed the remains of these longhouses and artifacts.

STEP 02 ▸ 구문독해 도전하기

01
난이도

From the village of Ozette on the westernmost point of Washington's Olympic Peninsula, members of the Makah tribe hunted whales.

_____

_____

_____

02
난이도

They smoked their catch on racks and in smokehouses and traded with neighboring groups from around the Puget Sound and nearby Vancouver Island.

_____

_____

_____

03 Ozette was one of five main villages inhabited by the Makah, an Indigenous people who have been based in the region for millennia.

난이도

04 Tribal oral history and archaeological evidence suggest that sometime between 1500 and 1700 a mudslide destroyed part of the village, covering several longhouses and sealing in their contents.

난이도

05 Thousands of artifacts that would not otherwise have survived, including baskets, clothing, sleeping mats, and whaling tools, were preserved under the mud.

난이도

06 In 1970, a storm caused coastal erosion that revealed the remains of these longhouses and artifacts.

난이도

STEP 03 · 구문독해 학습하기

01 **구조분석** From the village of Ozette // on the westernmost point of Washington's Olympic peninsula, // members of the Makah tribe // hunted whales.

구문독해 Ozette 마을에서 // 워싱턴주 올림픽 반도의 최서단에 있는 // Makah 부족 구성원들은 // 고래를 사냥했다.

□ **village** 마을, 부락, 촌락, 마을 사람들
□ **westernmost** 최서단의, 가장 서쪽의
□ **peninsula** 반도
□ **tribe** 부족, 종족, 집단, 무리

---

02 **구조분석** They smoked their catch // on racks and in smokehouses // and traded with neighboring groups // from around the Puget Sound and nearby Vancouver Island.

구문독해 그들은 그들의 어획물을 훈제했다 // 선반과 훈제장 안에서 // 그리고 이웃 그룹들과 거래했다 // 퓨젓 사운드와 인근 밴쿠버섬 주변의.

□ **smoke** 훈제하다, 담배를 피우다, 연기
□ **catch** 어획물, 포획물, 잡은 것, 잡다
□ **rack** 선반, 받침대, 괴롭히다, 고문하다
□ **smokehouse** (고기·생선 등의) 훈제장[실]
□ **nearby** 인근의, 가까운 곳의

---

03 **구조분석** Ozette was one of five main villages // inhabited by the Makah, an Indigenous people // who have been based in the region for millennia.

구문독해 Ozette는 다섯 개의 주요 마을 중 하나였다 // 원주민인 Makah 부족에 의해 거주된, // 그 지역에 수 천년 동안 기반을 두고 살아온.

□ **inhabit** 거주하다, 살다, 서식하다
□ **indigenous** 원산의, 토착의
□ **millennium** 천년(간)

---

04 구조분석 Tribal oral history and archaeological evidence suggest // that sometime between 1500 and 1700 // a mudslide destroyed part of the village, // covering several longhouses // and sealing in their contents.

구문독해 부족의 구전 역사와 고고학적 증거는 시사한다 // 1500년에서 1700년 사이 어느 때에 // 이류가 마을의 일부를 파괴하였고, // 여러 개의 전통가옥들을 덮어 // 내용물을 봉인했다.

□ **tribal** 부족의, 종족의, 부족[종족]의 일원
□ **oral history** 구전 역사, 구술 역사
□ **archaeological** 고고학적인, 고고학의
□ **suggest** 시사[암시]하다, 제안하다, 추천하다
□ **mudslide** 이류(산사태 때 걷잡을 수 없이 흘러내리는 진흙 더미)
□ **longhouse** (미국에서 일부 원주민들의) 전통가옥
□ **seal** 봉인하다, 밀봉하다, 직인, 도장

05 구조분석 Thousands of artifacts // that would not otherwise have survived, // including baskets, clothing, sleeping mats, and whaling tools, // were preserved under the mud.

구문독해 수천 개의 인공물들이 // 그렇지 않았다면 살아남지 못했을, // 바구니, 옷, 수면 요, 포경 도구를 포함한 // 진흙 속에 보존되었다.

□ **artifact** (특히 역사적·문화적 의미가 있는) 인공물, 가공품
□ **otherwise** (만약) 그렇지 않으면[않았다면]
□ **clothing** 옷, 의복, 의류
□ **sleeping mat** 수면 요
□ **whaling** 포경업, 고래잡이
□ **preserve** 보존하다, 보호하다

06 구조분석 In 1970, // a storm caused coastal erosion // that revealed the remains of these longhouses and artifacts.

구문독해 1970년, // 한 폭풍은 해안의 침식을 야기했다 // 이러한 전통가옥들의 잔해와 인공물들을 드러내는.

□ **storm** 폭풍, 폭풍우
□ **coastal** 해안의, 연안의
□ **erosion** 침식, 부식
□ **reveal** 드러내다, 밝히다, 폭로하다
□ **remains** 잔해, 유해, 유적, 남은 것, 나머지

STEP 04 ▸ 전체지문 해석 확인하기

1 워싱턴주 올림픽 반도의 최서단에 있는 Ozette 마을에서 Makah 부족 구성원들은 고래를 사냥했다. **2** 그들은 선반과 훈제장 안에서 그들의 어획물을 훈제했으며, 퓨젓 사운드와 인근 밴쿠버섬 주변의 이웃 그룹들과 거래했다. **3** Ozette는 그 지역에 수천 년 동안 기반을 두고 살아온 원주민인 Makah 부족에 의해 거주된 다섯 개의 주요 마을 중 하나였다. **4** 부족의 구전 역사와 고고학적 증거는 1500년에서 1700년 사이 어느 때에 이류가 마을의 일부를 파괴하였고 여러 개의 전통가옥들을 덮어 내용물을 봉인했다는 것을 시사한다. **5** 그렇지 않았다면 살아남지 못했을 바구니, 옷, 수면 요, 포경 도구를 포함한 수천 개의 인공물들이 진흙 속에 보존되었다. **6** 1970년, 한 폭풍은 이러한 전통가옥들의 잔해와 인공물들을 드러내는 해안의 침식을 야기했다.

STEP 05 ▸ 중요 표현 복습하기

중요 표현 TEST

1 village _____

2 westernmost _____

3 peninsula _____

4 tribe _____

5 smoke _____

6 catch _____

7 rack _____

8 smokehouse _____

9 nearby _____

10 inhabit _____

11 indigenous _____

12 millennium _____

13 tribal _____

14 oral history _____

15 archaeological _____

16 suggest _____

17 mudslide _____

18 longhouse _____

19 seal _____

20 artifact _____

21 otherwise _____

22 clothing _____

23 sleeping mat _____

24 whaling _____

25 preserve _____

26 storm _____

27 coastal _____

28 erosion _____

29 reveal _____

30 remains _____

중요 표현 ANSWER

❶ village 　마을, 부락, 촌락, 마을 사람들

❷ westernmost 　최서단의, 가장 서쪽의

❸ peninsula 　반도

❹ tribe 　부족, 종족, 집단, 무리

❺ smoke 　훈제하다, 담배를 피우다, 연기

❻ catch 　어획물, 포획물, 잡은 것, 잡다

❼ rack 　선반, 받침대, 괴롭히다, 고문하다

❽ smokehouse 　(고기·생선 등의) 훈제장[실]

❾ nearby 　인근의, 가까운 곳의

❿ inhabit 　거주하다, 살다, 서식하다

⓫ indigenous 　원산의, 토착의

⓬ millennium 　천년(간)

⓭ tribal 　부족의, 종족의, 부족[종족]의 일원

⓮ oral history 　구전 역사, 구술 역사

⓯ archaeological 　고고학적인, 고고학의

⓰ suggest 　시사[암시]하다, 제안하다, 추천하다

⓱ mudslide 　이류(산사태 때 걷잡을 수 없이 흘러 내리는 진흙 더미)

⓲ longhouse 　(미국에서 일부 원주민들의) 전통가옥

⓳ seal 　봉인하다, 밀봉하다, 직인, 도장

⓴ artifact 　(특히 역사적·문화적 의미가 있는) 인공물, 가공품

㉑ otherwise 　(만약) 그렇지 않으면[않았다면]

㉒ clothing 　옷, 의복, 의류

㉓ sleeping mat 　수면 요

㉔ whaling 　포경업, 고래잡이

㉕ preserve 　보존하다, 보호하다

㉖ storm 　폭풍, 폭풍우

㉗ coastal 　해안의, 연안의

㉘ erosion 　침식, 부식

㉙ reveal 　드러내다, 밝히다, 폭로하다

㉚ remains 　잔해, 유해, 유적, 남은 것, 나머지

Chapter **03** 신(New) 독기 **최신 기출 지문 구문독해 ❼**

STEP 01 • 지문 훑어보기

Interest in movie and sports stars goes beyond their performances on the screen and in the arena. Newspaper columns, specialized magazines, television programs, and Web sites record the personal lives of celebrated Hollywood actors, sometimes accurately. The doings of skilled baseball, football, and basketball players out of uniform similarly attract public attention. Both industries actively promote such attention, which expands audiences and thus increases revenues. But a fundamental difference divides them: What sports stars do for a living is authentic in a way that what movie stars do is not.

STEP 02 • 구문독해 도전하기

01
난이도
Interest in movie and sports stars goes beyond their performances on the screen and in the arena.

_____

_____

_____

02
난이도
Newspaper columns, specialized magazines, television programs, and Web sites record the personal lives of celebrated Hollywood actors, sometimes accurately.

_____

_____

_____

03
난이도
The doings of skilled baseball, football, and basketball players out of uniform similarly attract public attention.

_____

_____

_____

04

난이도

Both industries actively promote such attention, which expands audiences and thus increases revenues.

05

난이도

But a fundamental difference divides them: What sports stars do for a living is authentic in a way that what movie stars do is not.

STEP 03 ▸ 구문독해 학습하기

01 **구조분석** Interest in movie and sports stars // goes beyond their performances // on the screen and in the arena.

구문독해 영화와 스포츠 스타에 대한 관심은 // 그들의 활약을 넘어선다 // 화면과 경기장에서의.

☐ **interest** 관심, 흥미, 호기심, 이자, 이익, ~의 관심을 끌다
☐ **go beyond** ~을 넘어서다
☐ **performance** 활약, 성과, 실적, 실행, 수행, 공연, 연기, 연주
☐ **arena** 경기장, 공연장, 무대

02 **구조분석** Newspaper columns, specialized magazines, television programs, and Web sites // record the personal lives of celebrated Hollywood actors, // sometimes accurately.

구문독해 신문 칼럼, 전문 잡지, 텔레비전 프로그램, 웹사이트는 // 유명한 할리우드 배우들의 사생활들을 기록한다 // 때로는 정확하게.

☐ **specialized** 전문적인, 전문화된
☐ **celebrated** 유명한, 저명한

03 구조분석 The doings of skilled baseball, football, and basketball players // out of uniform // similarly attract public attention.

구문독해 숙련된 야구, 축구, 농구 선수들의 행동들은 // 유니폼에서 벗어난 // 마찬가지로 대중의 관심을 끈다.

- □ **doing** 행동, 행위, 처신
- □ **skilled** 숙련된, 노련한
- □ **out of** ~에서 벗어나서, ~의 밖으로
- □ **similarly** 마찬가지로, 비슷하게, 유사하게
- □ **attract** 끌다, 불러일으키다
- □ **public** 대중의, 일반인의, 공공의
- □ **attention** 관심, 흥미, 주의, 주목

04 구조분석 Both industries actively promote // such attention, // which expands audiences // and thus increases revenues.

구문독해 두 산업 모두 적극적으로 장려한다 // 이러한 관심을, // 이것은 관객을 확대하고 // 따라서 수입을 증가시킨다.

- □ **industry** 산업, 공업, 제조업, 근면성
- □ **actively** 적극적으로, 활동적으로
- □ **promote** 장려하다, 촉진하다, 홍보하다, 승진시키다
- □ **expand** 확대[확장]하다, 넓히다, 펴다
- □ **revenue** 수입, 수익

05 구조분석 But // a fundamental difference divides them: // What sports stars do for a living // is authentic // in a way that what movie stars do is not.

구문독해 그러나 // 근본적인 차이가 그들을 나눈다: // 스포츠 스타들이 생계를 위해 하는 것은 // 진정성이 있다는 것이다 // 영화 스타들이 하는 것과는 다른 방식으로.

- □ **fundamental** 근본적인, 본질적인, 핵심적인, 필수적인
- □ **difference** 차이, 다름
- □ **divide** 나누다, 가르다
- □ **authentic** 진정한, 진짜의, 믿을 만한
- □ **living** 생계, 생활, 살아 있는, 현존의

STEP 04 · 전체지문 해석 확인하기

■1■ 영화와 스포츠 스타에 대한 관심은 화면과 경기장에서의 활약을 넘어선다. ■2■ 신문 칼럼, 전문 잡지, 텔레비전 프로그램, 웹사이트는 유명한 할리우드 배우들의 사생활들을 때로는 정확하게 기록한다. ■3■ 유니폼에서 벗어난 숙련된 야구, 축구, 농구 선수들의 행동들은 마찬가지로 비슷하게 대중의 관심을 끈다. ■4■ 두 산업 모두 이러한 관심을 적극적으로 장려하는데 이것은 관객을 확대하고 따라서 수입을 증가시킨다. ■5■ 그러나 근본적인 차이가 그들을 나눈다: 스포츠 스타들이 생계를 위해 하는 것은 영화 스타들이 하는 것과는 다른 방식으로 진정성이 있다는 것이다.

STEP 05 · 중요 표현 복습하기

중요 표현 TEST

❶ interest _____

❷ go beyond _____

❸ performance _____

❹ arena _____

❺ specialized _____

❻ celebrated _____

❼ doing _____

❽ skilled _____

❾ out of _____

❿ similarly _____

⓫ attract _____

⓬ public _____

⓭ attention _____

⓮ industry _____

⓯ actively _____

⓰ promote _____

⓱ expand _____

⓲ revenue _____

⓳ fundamental _____

⓴ difference _____

㉑ divide _____

㉒ authentic _____

㉓ living _____

중요 표현 ANSWER

❶ interest   관심, 흥미, 호기심, 이자, 이익,
~의 관심을 끌다

❷ go beyond   ~을 넘어서다

❸ performance   활약, 성과, 실적, 실행, 수행, 공연,
연기, 연주

❹ arena   경기장, 공연장, 무대

❺ specialized   전문적인, 전문화된

❻ celebrated   유명한, 저명한

❼ doing   행동, 행위, 처신

❽ skilled   숙련된, 노련한

❾ out of   ~에서 벗어나서, ~의 밖으로

❿ similarly   마찬가지로, 비슷하게, 유사하게

⓫ attract   끌다, 불러일으키다

⓬ public   대중의, 일반인의, 공공의

⓭ attention   관심, 흥미, 주의, 주목

⓮ industry   산업, 공업, 제조업, 근면성

⓯ actively   적극적으로, 활동적으로

⓰ promote   장려하다, 촉진하다, 홍보하다,
승진시키다

⓱ expand   확대[확장]하다, 넓히다, 펴다

⓲ revenue   수입, 수익

⓳ fundamental   근본적인, 본질적인, 핵심적인, 필수적인

⓴ difference   차이, 다름

㉑ divide   나누다, 가르다

㉒ authentic   진정한, 진짜의, 믿을 만한

㉓ living   생계, 생활, 살아 있는, 현존의

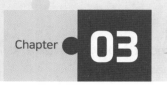

Chapter **03** 신(New) 독기 **최신 기출 지문 구문독해 ⑧**

STEP 01 지문 훑어보기

Persuasion shows up in almost every walk of life. Nearly every major politician hires media consultants and political experts to provide advice on how to appeal to the public. Virtually every major business and special-interest group has hired a lobbyist to take its concerns to Congress or to state and local governments. In nearly every community, activists try to persuade their fellow citizens on important policy issues. The workplace, too, has always been fertile ground for office politics and persuasion. One study estimates that general managers spend upwards of 80 % of their time in verbal communication — most of it with the intent of persuading their fellow employees. With the advent of the photocopying machine, a whole new medium for office persuasion was invented — the photocopied memo. The Pentagon alone copies an average of 350,000 pages a day, the equivalent of 1,000 novels.

STEP 02 구문독해 도전하기

01
난이도

Persuasion shows up in almost every walk of life.

_____

_____

02
난이도

Nearly every major politician hires media consultants and political experts to provide advice on how to appeal to the public.

_____

_____

_____

03 Virtually every major business and special-interest group has hired a lobbyist to take its concerns to Congress or to state and local governments.

04 In nearly every community, activists try to persuade their fellow citizens on important policy issues.

05 The workplace, too, has always been fertile ground for office politics and persuasion.

06 One study estimates that general managers spend upwards of 80 % of their time in verbal communication — most of it with the intent of persuading their fellow employees.

07 With the advent of the photocopying machine, a whole new medium for office persuasion was invented — the photocopied memo.

08 The Pentagon alone copies an average of 350,000 pages a day, the equivalent of 1,000 novels.

STEP 03 구문독해 학습하기

01 　**구조분석** Persuasion shows up // in almost every walk of life.

　　구문독해 설득은 나타난다 // 거의 모든 분야에서.

> ☐ **persuasion** 설득, 신념, 신조
> ☐ **show up** 나타나다, 눈에 띄다, 드러내 보이다
> ☐ **almost** 거의
> ☐ **in every walk of life** 모든 분야에서, 온갖 직업에 있어서

02 　**구조분석** Nearly every major politician hires // media consultants and political experts // to provide advice // on how to appeal to the public.

　　구문독해 거의 모든 주요 정치인들은 고용한다 // 미디어 컨설턴트와 정치 전문가들을 // 조언을 제공할 // 대중에게 호소할 방법에 대한.

> ☐ **nearly** 거의
> ☐ **politician** 정치인, 정치가
> ☐ **consultant** 컨설턴트, 상담가, 자문 위원
> ☐ **appeal** 호소하다, 관심을 끌다, 항소하다

03 　**구조분석** Virtually // every major business and special-interest group // has hired a lobbyist // to take its concerns // to Congress or to state and local governments.

　　구문독해 사실상 // 모든 주요 기업과 특수 이익 단체들은 // 로비스트를 고용했다 // 그것의 우려들을 전달하기 위해 // 의회나 주 정부 또는 지방 정부에.

> ☐ **virtually** 사실상, 거의, 가상으로
> ☐ **special interest group** 특수 이익 단체, 특별 이익 집단
> ☐ **concern** 우려, 걱정, 관심사, 일, 관련된 것이다, ~을 걱정스럽게 만들다
> ☐ **Congress** 의회, 국회
> ☐ **local government** 지방 정부, 지방 자치

04 구조분석 In nearly every community, // activists try to persuade their fellow citizens // on important policy issues.

구문독해 거의 모든 지역 사회에서, // 활동가들은 동료 시민들을 설득하려고 노력한다 // 중요한 정책 문제에 대해.

☐ **community** 지역 사회, 공동체, 주민
☐ **persuade** 설득하다, 납득시키다
☐ **fellow** 동료, 동년배, 동료의, 같은 처지에 있는
☐ **issue** 문제, 주제, 쟁점, 사안, 발표[공표]하다, 발부하다

05 구조분석 The workplace, too, // has always been fertile ground // for office politics and persuasion.

구문독해 직장 역시, // 항상 비옥한 장소였다 // 사무실 정치와 설득을 위한.

☐ **workplace** 직장, 업무 현장
☐ **fertile** 비옥한, 기름진, 생식력 있는, 가임의
☐ **politics** 정치, 정치학, 정치적 견해[사상]

06 구조분석 One study estimates // that general managers // spend upwards of 80 % of their time // in verbal communication — // most of it // with the intent of persuading their fellow employees.

구문독해 한 연구는 추정한다 // 일반 관리자들이 // 그들의 시간의 80% 이상을 소비한다 // 언어적 의사소통에 — // 그 중 대부분은 // 동료 직원들을 설득하기 위한 목적으로.

☐ **estimate** 추정하다, 추산하다, 추정, 추산, 견적서
☐ **general** 일반적인, 보통의
☐ **intent** 목적, 의도, 몰두하는, ~에 전념하는

07 구조분석 With the advent of the photocopying machine, // a whole new medium for office persuasion // was invented // — the photocopied memo.

구문독해 복사기의 등장으로, // 사무실 내 설득을 위한 완전히 새로운 매체가 // 발명되었다 // — 복사된 메모가.

- □ **advent** 등장, 출현, 도래
- □ **photocopying machine** 복사기
- □ **whole** 완전히, 통째로, 완전한, 전체의
- □ **medium** 매체, 수단, 도구, 중간의
- □ **invent** 발명하다, 지어내다

08 구조분석 The Pentagon alone copies // an average of 350,000 pages // a day, // the equivalent of 1,000 novels.

구문독해 미 국방부에서만 복사한다 // 평균 35만 페이지를 // 하루에, // 이는 소설 1,000권에 상당하는 것이다.

- □ **Pentagon** (미국의) 국방부
- □ **average** 평균, 보통, 평균의, 보통의, 일반적인
- □ **equivalent** 상당[대응]하는 것, 등가물, 동등핸[맞먹는]

STEP 04 전체지문 해석 확인하기

1 설득은 인생의 거의 모든 분야에서 나타난다. **2** 거의 모든 주요 정치인들은 대중에게 호소할 방법에 대한 조언을 제공할 미디어 컨설턴트와 정치 전문가들을 고용한다. **3** 사실상 모든 주요 기업과 특수 이익 단체들은 그것의 우려들을 의회나 주 정부 또는 지방 정부에 전달하기 위해 로비스트를 고용한다. **4** 거의 모든 지역사회에서 활동가들은 중요한 정책 문제에 대해 동료 시민들을 설득하려고 노력한다. **5** 직장 역시 항상 사무실 정치와 설득을 위한 비옥한 장소였다. **6** 한 연구는 일반 관리자들이 그들의 시간의 80% 이상을 언어적 의사소통에 — 그 중 대부분은 동료 직원들을 설득하기 위한 목적으로 소비한다고 추정한다. **7** 복사기의 등장으로, 사무실 내 설득을 위한 완전히 새로운 매체인 복사된 메모가 발명되었다. **8** 미 국방부에서만 하루에 평균 35만 페이지를 복사하는데, 이는 소설 1,000권에 상당하는 것이다.

STEP 05 · 중요 표현 복습하기

중요 표현 TEST

① persuasion _____

② show up _____

③ almost _____

④ in every walk of life

_____

⑤ nearly _____

⑥ politician _____

⑦ consultant _____

⑧ appeal _____

⑨ virtually _____

⑩ special interest group

_____

⑪ concern _____

⑫ Congress _____

⑬ local government

_____

⑭ community _____

⑮ persuade _____

⑯ fellow _____

⑰ issue _____

⑱ workplace _____

⑲ fertile _____

⑳ politics _____

㉑ estimate _____

㉒ general _____

㉓ intent _____

㉔ advent _____

㉕ photocopying machine

_____

㉖ whole _____

㉗ medium _____

㉘ invent _____

㉙ Pentagon _____

㉚ average _____

㉛ equivalent _____

중요 표현 ANSWER

❶ persuasion 　설득, 신념, 신조

❷ show up 　나타나다, 눈에 띄다, 드러내 보이다

❸ almost 　거의

❹ in every walk of life
　모든 분야에서, 온갖 직업에 있어서

❺ nearly 　거의

❻ politician 　정치인, 정치가

❼ consultant 　컨설턴트, 상담가, 자문 위원

❽ appeal 　호소하다, 관심을 끌다, 항소하다

❾ virtually 　사실상, 거의, 가상으로

❿ special interest group
　특수 이익 단체, 특별 이익 집단

⓫ concern 　우려, 걱정, 관심사, 일,
　관련된 것이다, ~을 걱정스럽게 만들다

⓬ Congress 　의회, 국회

⓭ local government
　지방 정부, 지방 자치

⓮ community 　지역 사회, 공동체, 주민

⓯ persuade 　설득하다, 납득시키다

⓰ fellow 　동료, 동년배, 동료의, 같은 처지에 있는

⓱ issue 　문제, 주제, 쟁점, 사안,
　발표[공표]하다, 발부하다

⓲ workplace 　직장, 업무 현장

⓳ fertile 　비옥한, 기름진, 생식력 있는, 가임의

⓴ politics 　정치, 정치학, 정치적 견해[사상]

㉑ estimate 　추정하다, 추산하다, 추정, 추산, 견적서

㉒ general 　일반적인, 보통의

㉓ intent 　목적, 의도, 몰두하는, ~에 전념하는

㉔ advent 　등장, 출현, 도래

㉕ photocopying machine
　복사기

㉖ whole 　완전히, 통째로, 완전한, 전체의

㉗ medium 　매체, 수단, 도구, 중간의

㉘ invent 　발명하다, 지어내다

㉙ Pentagon 　(미국의) 국방부

㉚ average 　평균, 보통, 평균의, 보통의, 일반적인

㉛ equivalent 　상당[대응]하는 것, 등가물,
　동등한[맞먹는]

Chapter 03 신(New) 독기 최신 기출 지문 구문독해 ⑨

STEP 01 ▸ 지문 훑어보기

It is important to note that for adults, social interaction mainly occurs through the medium of language. Few native-speaker adults are willing to devote time to interacting with someone who does not speak the language, with the result that the adult foreigner will have little opportunity to engage in meaningful and extended language exchanges. In contrast, the young child is often readily accepted by other children, and even adults. For young children, language is not as essential to social interaction. So-called 'parallel play', for example, is common among young children. They can be content just to sit in each other's company speaking only occasionally and playing on their own. Adults rarely find themselves in situations where language does not play a crucial role in social interaction.

STEP 02 ▸ 구문독해 도전하기

01 It is important to note that for adults, social interaction mainly occurs through the medium of language.

난이도

02 Few native-speaker adults are willing to devote time to interacting with someone who does not speak the language, with the result that the adult foreigner will have little opportunity to engage in meaningful and extended language exchanges.

난이도

03 In contrast, the young child is often readily accepted by other children, and even adults.

난이도

04 For young children, language is not as essential to social interaction.

난이도

05 So-called 'parallel play', for example, is common among young children.

난이도

06 They can be content just to sit in each other's company speaking only occasionally and playing on their own.

난이도

07 Adults rarely find themselves in situations where language does not play a crucial role in social interaction.

난이도

STEP 03 ▸ **구문독해** 학습하기

01 〔구조분석〕 It is important to note // that for adults, // social interaction mainly occurs // through the medium of language.

〔구문독해〕 주목하는 것은 중요하다 // 성인에게 // 사회적 상호 작용은 주로 발생한다 // 언어라는 수단을 통해.

☐ **note** 주목하다, ~에 유의[주의]하다, 언급하다
☐ **interaction** 상호 작용
☐ **mainly** 주로, 대부분, 대개
☐ **medium** 수단, 매개체, 매체, 도구, 중간의

02 〔구조분석〕 Few native-speaker adults are willing to devote time // to interacting with someone // who does not speak the language, // with the result that the adult foreigner // will have little opportunity to engage in // meaningful and extended language exchanges.

〔구문독해〕 모국어를 사용하는 성인들은 거의 시간을 바치지 않는다 // 누군가와 상호 작용하는 것에 // 그 언어를 사용하지 않는 // 그 결과 성인 외국인은 // 참여할 기회를 거의 갖지 못할 것이다 // 의미 있고 확장된 언어 교환에.

☐ **native speaker** 모국어를 사용하는 사람, 모국어 사용자
☐ **willing** 기꺼이 ~하는
☐ **devote** 바치다, 헌신하다
☐ **engage in** 참여하다, 관여하다, 종사하다
☐ **meaningful** 의미 있는, 중요한, 유의미한

03 〔구조분석〕 In contrast, // the young child is often readily accepted // by other children, and even adults.

〔구문독해〕 그에 반해, // 어린아이는 종종 손쉽게 받아들여진다 // 다른 아이들, 심지어 성인에게도.

☐ **in contrast** 그에 반해, 그와는 대조적으로
☐ **readily** 손쉽게, 순조롭게, 선뜻, 기꺼이
☐ **accept** 받아들이다, 인정하다, 수락하다

04 **구조분석** For young children, // language is not as essential // to social interaction.

구문독해 어린아이들에게, // 언어는 필수적이지 않다 // 사회적 상호 작용에 있어서는.

☐ **essential** 필수적인, 중요한, 본질적인

05 **구조분석** So-called 'parallel play', // for example, // is common // among young children.

구문독해 이른바 '병행 놀이'는, // 예를 들어, // 흔하다 // 어린아이들 사이에서.

☐ **so-called** 이른바, 소위, 흔히 ~라고 일컬어지는
☐ **parallel play** 병행 놀이(옆에 있는 아동과 비슷한 종류의 장난감을 갖고 놀거나 비슷한 놀이를 하지만 이야기를 하거나 상호 작용은 하지 않은 채로 혼자 하는 놀이)

06 **구조분석** They can be content // just to sit in each other's company // speaking only occasionally // and playing on their own.

구문독해 그들은 만족할 수 있다 // 단지 서로 함께 있는 사람들과 앉아서 // 가끔씩만 말을 하고 // 혼자서 노는 것만으로도.

☐ **content** 만족하는, 내용물, 목차
☐ **company** 함께 있는 사람들, 손님, 단체, 회사
☐ **occasionally** 가끔, 종종, 때때로

07 **구조분석** Adults rarely find themselves // in situations // where language does not play a crucial role // in social interaction.

구문독해 성인들은 그들 자신을 거의 발견하지 못한다 // 상황에 있는 // 언어가 중요한 역할을 하지 않는 // 사회적 상호 작용에서.

☐ **rarely** 거의 ~하지 않는, 드물게
☐ **play a role** 역할을 하다, 한몫을 하다

STEP 04 · 전체지문 해석 확인하기

1 성인에게 사회적 상호 작용은 주로 언어라는 수단을 통해 발생한다는 점에 주목하는 것이 중요하다. **2** 모국어를 사용하는 성인들은 그 언어를 사용하지 않는 누군가와 상호 작용하는 것에 시간을 거의 바치지 않고, 그 결과 성인 외국인은 의미 있고 확장된 언어 교환에 참여할 기회를 거의 갖지 못할 것이다. **3** 그에 반해 어린아이는 종종 다른 아이들, 심지어 성인에게도 쉽게 받아들여진다. **4** 어린아이들에게 언어는 사회적 상호 작용에 있어서는 필수적이지 않다. **5** 예를 들어, 이른바 '병행 놀이'는 어린아이들 사이에서 흔하다. **6** 그들은 단지 서로 함께 있는 사람들과 앉아서 가끔씩만 말을 하고 혼자서 노는 것만으로도 만족할 수 있다. **7** 어른들은 사회적 상호 작용에서 언어가 중요한 역할을 하지 않는 상황에 있는 그들 자신을 거의 발견하지 못한다.

STEP 05 · 중요 표현 복습하기

중요 표현 TEST

1 note _____

2 interaction _____

3 mainly _____

4 medium _____

5 native speaker
_____

6 willing _____

7 devote _____

8 engage in _____

9 meaningful _____

10 in contrast _____

11 readily _____

12 accept _____

13 essential _____

14 so-called _____

15 parallel play _____

16 content _____

17 company _____

18 occasionally _____

19 rarely _____

20 play a role _____

중요 표현 ANSWER

1 note — 주목하다, ~에 유의[주의]하다, 언급하다

2 interaction — 상호 작용

3 mainly — 주로, 대부분, 대개

4 medium — 수단, 매개체, 매체, 도구, 중간의

5 native speaker — 모국어를 사용하는 사람, 모국어 사용자

6 willing — 기꺼이 ~하는

7 devote — 바치다, 헌신하다

8 engage in — 참여하다, 관여하다, 종사하다

9 meaningful — 의미 있는, 중요한, 유의미한

10 in contrast — 그에 반해, 그와 대조적으로

11 readily — 손쉽게, 순조롭게, 선뜻, 기꺼이

12 accept — 받아들이다, 인정하다, 수락하다

13 essential — 필수적인, 중요한, 본질적인

14 so-called — 이른바, 소위, 흔히 ~라고 일컬어지는

15 parallel play — 병행 놀이

16 content — 만족하는, 내용물, 목차

17 company — 함께 있는 사람들, 손님, 단체, 회사

18 occasionally — 가끔, 종종, 때때로

19 rarely — 거의 ~하지 않는, 드물게

20 play a role — 역할을 하다, 한몫을 하다

Chapter 03

진가영

주요 약력

現) 박문각 공무원 영어 온라인, 오프라인 대표교수
서강대학교 우수 졸업
서강대학교 영미어문 심화 전공
중등학교 정교사 2급 자격증
단기 공무원 영어 전문 강의(개인 운영)

주요 저서

2025 진가영 영어 신독기 구문독해(박문각)
2025 진가영 영어 신경향 독해 마스터(박문각)
진가영 영어 단기합격 문법 All In One(박문각)
진가영 영어 단기합격 독해 All In one(박문각)
진가영 영어 단기합격 VOCA(박문각)
진가영 영어 기출문제집 문법·어휘(박문각)
진가영 영어 기출문제집 반한다 독해(박문각)
진가영 영어 독해끝판왕[독판왕](박문각)
진가영 영어 문법끝판왕[문판왕](박문각)
진가영 영어 진독기 구문독해 시즌1(박문각)
진가영 영어 단판승 문법 킬포인트 100(박문각)
진가영 영어 단판승 생활영어 적중 70(박문각)
진가영 영어 하프 모의고사(박문각)
2024 박문각 공무원 봉투모의고사(박문각)

진가영 영어 ◇✦ 신독기 구문독해

초판 발행 2024. 5. 30. | **2쇄 발행** 2024. 10. 10. | **편저자** 진가영

발행인 박 용 | **발행처** (주)박문각출판 | **등록** 2015년 4월 29일 제2019-000137호

주소 06654 서울시 서초구 효령로 283 서경 B/D 4층 | **팩스** (02)584-2927

전화 교재 문의 (02)6466-7202

저자와의
협의하에
인지생략

정가 13,000원
ISBN 979-11-6987-998-9